Prol
Les Cookies à
de-ce-qui-v

L e rêve de Rosemary Bliss était devenu réalité.
Elle était désormais la pâtissière la plus célèbre du monde, la plus jeune à avoir remporté à Paris le grand prix du fameux Gala des Grands Gâteaux Géants. À seulement douze ans, elle avait battu la star de la télé Lily la Fée, mettant ainsi fin au complot maléfique de sa tante. Rose avait sauvé sa ville natale et récupéré le grimoire magique de la famille Bliss.

Mais alors, pourquoi était-elle si malheureuse ?

Treize jours après son retour chez elle en Amérique, elle se leva pour ouvrir les rideaux.

Clic. Paf. Flash. Clic.

Voilà pourquoi.

— Par ici Rose !

Clic. Flash. Clic.

— Rose, qu'est-ce que ça vous fait d'avoir gagné ?

Flash. Clic. Flash.

— Rose ! Qu'est-ce que ça vous fait d'être la plus grande pâtissière au monde ?

Clic. Flash. Clic.

— À seulement douze ans ?

Flash. Clic. Flash.

« Oh, non ! pensa Rose. Encore eux. » C'en était fini des matinées tranquilles et du doux tintement des carillons. Elle n'entendait même plus le grincement de la corde de la balançoire-pneu qui frottait contre la branche du chêne sous sa fenêtre. Désormais, le nouveau fond sonore était fourni par la bande de paparazzis installés jusqu'à la fin des temps devant la pâtisserie Bliss. Tous les matins, ils attendaient que Rose tire ses rideaux pour la mitrailler et la bombarder de questions sur sa victoire prodigieuse.

Rose s'était toujours demandé ce qu'on éprouvait quand on était célèbre. Maintenant, elle savait. Son sort n'était pas plus enviable que celui d'un poisson rouge observé par des centaines d'yeux globuleux, avec nulle part où se cacher sauf dans un ridicule château miniature en plastique.

Rose referma les rideaux d'un coup sec. Après tout, elle ferait peut-être mieux d'arrêter la pâtisserie. Si c'était pour subir ce cirque, ça n'en valait pas la peine !

— Je voudrais ne plus jamais faire de gâteaux ! s'exclama-t-elle.

Surgit alors de sous un tas de linge sale au pied de son lit la tête grise et poilue de Serge le scottish fold.

— Fais bien attention à ce que tu dis. Les vœux prononcés la veille d'un anniversaire ont une fâcheuse tendance à se réaliser.

Sur ces paroles, le chat aux oreilles tombantes leva la patte et se lécha délicatement entre les griffes.

— N'importe quoi, répliqua Rose. Mon anniversaire

n'est pas avant la fin de l'été. De toute façon, c'est pas ça que je voulais dire.

Elle lui grattouilla la tête. Serge se mit à ronronner.

— J'aimerais juste ne pas être *obligée* de faire des gâteaux pendant quelque temps, tu comprends ?

Elle était devenue pâtissière par amour de sa famille et de sa ville. Rose avait la pâtisserie dans le sang. Or depuis sa victoire au Gala des Grands Gâteaux Géants, sa vie était chamboulée.

Les deux semaines précédentes avaient duré une éternité. Elle n'avait pas eu une seconde à elle, pas un instant pour profiter du beau temps. La pâtisserie ne l'amusait plus, c'était devenu une *obligation*, comme de faire ses devoirs !

C'était tout à fait déplaisant. Alors, à moins qu'un changement radical ne se produise bientôt, elle en avait terminé avec la pâtisserie.

Au rez-de-chaussée, dans la cuisine de la pâtisserie Bliss, la situation n'était guère plus réjouissante. À travers le store baissé, les flashs des appareils photo fusaient comme des éclairs. À entendre les hurlements des journalistes à la porte, on aurait pu se croire en présence d'une foule immense, alors qu'ils n'étaient qu'une centaine. Pourquoi ne la laissaient-ils pas tranquille, bon sang ?

Quant au courrier, c'était pire ou presque.

Assis à la table, Origan et Oliver, les frères de Rose, épluchaient une montagne d'enveloppes. Ils jetaient les lettres sans importance dans un grand sac-poubelle noir et empilaient celles auxquelles il leur faudrait répondre.

Rose savait qu'elles lui étaient toutes adressées. « Tes fans nous *adorent*. Enfin, ils *t'adorent*, toi », la taquinait Oliver. Mais elle en avait assez ! Elle ne voulait plus en lire une seule. Tout ce à quoi elle aspirait, c'était le retour à son ancienne vie.

Origan balança dans le sac une boulette de papier froissé.

— Poubelle !

Avec ses joues rondes et ses boucles rousses, son petit frère qui venait de fêter ses dix ans n'en paraissait pas plus de huit. Tout ce qui avait grandi chez lui, cette année, c'était le nombre de taches de rousseur sur son nez.

— Qu'est-ce qu'il y avait dedans ? interrogea Oliver.

Le frère aîné de Rose avait bien grandi, lui, quoique pas assez à son goût. Il avait récemment confié à Rose sa peur de voir compromis ses rêves de devenir une star de la NBA.

— Le président d'Espagne commande un gâteau, déclara Origan qui continuait de feuilleter le courrier. Warren Buffett veut un camembert meringué avec une couleur différente pour chaque secteur du diagramme.

— C'est quoi, un « camembert » ? s'enquit Oliver.

— C'est qui, Warren Buffett ? demanda Rose.

— Un type qui aime les gâteaux j'imagine, lui répondit Origan avant de s'attaquer à la missive suivante. L'Assemblée générale des Nations unies commande des cupcakes pour les ambassadeurs qui assisteront à leur prochaine session. Chacun d'eux devra être aux couleurs du drapeau correspondant à la nationalité du diplomate, et écoutez-moi ça : « à chaque bouchée, l'ambassadeur devra retrouver le goût de son pays natal ».

— Pfff ! fit Oliver. Non, mais, quand est-ce que quelqu'un d'*important* va se décider à nous écrire ?

Origan décacheta une lourde enveloppe rose qui exhalait un parfum suave. Il dégringola de sa chaise et, comme frappé par une crise cardiaque, plaqua ses deux mains sur sa poitrine.

— Eh ben, ça !

Il tendit la lettre à Rose, qui lut l'élégant billet :

Chère merveilleuse Rose et chers membres du personnel de la pâtisserie Bliss,
Envoyez-moi un gâteau. S'il vous plaît. Peu importe lequel. Il faut que je goûte à une de vos créations. Sinon, j'en mourrai. Votre prix sera le mien. Vous pourrez même faire partie de ma prochaine tournée. Envoyez-moi vite un gâteau !

Katy Perry.

— NON ! s'écria Oliver, sous le choc. Elle a sûrement regardé le concours à la télé et, en me voyant, elle sera tombée amoureuse de moi. Cette histoire de gâteau, c'est juste un prétexte.

Rose laissa échapper un long soupir. Au lieu de la rendre folle de joie, toutes ces lettres de célébrités la fatiguaient. Faire de la pâtisserie, ça n'avait rien à voir avec tout ça. Il s'agissait de mélanger, de remuer, d'incorporer des ingrédients à d'autres : la farine, le beurre, le sucre, les élans du cœur, l'amour et…

— Nous sommes riches ! hurla Oliver.

Il brandit une lettre ornée de l'effigie de Mimie Brossard, une marque de gâteaux industriels.

— Rose, reprit-il, sérieux comme un pape, ils t'offrent sept cent soixante-dix-sept mille dollars rien que pour faire une pub de trente secondes pour leurs produits.

— Sept cent soixante-dix-sept mille. Pourquoi tous ces sept ? questionna Origan, intrigué.

— Tout ce que tu as à faire, c'est manger un gâteau Brossard et dire : « Moi, Rosemary Bliss, la plus jeune gagnante du Gala des Grands Gâteaux Géants… » et euh… « Mimie Brossard est ma source d'inspiration ! »

Oliver lui tendit la lettre et contempla le plafond d'un air rêveur.

— Si j'épouse Katy Perry et que tu signes ce contrat… on n'aura plus jamais à travailler de notre vie !

— Mimie Brossard n'est pas une vraie personne ! protesta Rose. La marque a été créée par un groupe d'hommes d'affaires. Comment je pourrais puiser mon inspiration chez quelqu'un qui n'existe même pas ? En plus, je ne mangerai jamais de gâteau Mimie Brossard. Tu sais ce que dit maman sur les biscuits industriels ?

Elle fourra le bout de papier dans sa poche et lui tourna le dos – elle en avait assez de toutes ces sornettes !

C'est alors seulement qu'elle remarqua un détail qui lui avait échappé : du papier sulfurisé était étalé comme du parchemin sur toutes les surfaces.

Tout à coup, les portes battantes de la boutique s'ouvrirent pour livrer le passage à leur mère, Céleste Bliss, les bras chargés de sacs bourrés de provisions. Ses boucles brunes virevoltaient sur son front.

— Au travail, les garçons ! s'exclama-t-elle. Je vous ai dit d'aligner des petits tas et de ne pas vous arrêter tant que ces feuilles ne seront pas dressées !

En rouspétant, Origan et Oliver saisirent chacun une poche à douille. Céleste leur ébouriffa les cheveux pour les encourager. Ils se mirent à former des lignes précises de petites boulettes avec la pâte à cookie au chocolat.

— Qu'est-ce que vous faites ? demanda Rose.

— C'est ces journalistes, soupira Céleste en l'embrassant sur la tempe. On n'aura pas la paix tant qu'ils n'auront pas déguerpi.

— Je vais t'aider, déclara Rose.

Elle avait retrouvé comme par enchantement son enthousiasme d'avant le concours. Elle allait enfin pouvoir se rendre utile !

Céleste déballa ses provisions.

— Rose, ma chérie, tu devrais retourner là-haut. C'est après toi qu'ils en ont !

— Et je suis censée rester dans ma tour, comme Raiponce ? protesta Rose en levant les bras au ciel. Ah, ça, pas question !

Elle attrapa une poche à douille pleine de pâte à cookies au chocolat et en fit sortir plusieurs billes parfaites tandis que ses frères terminaient les leurs.

— Trois cents petits tas ! s'exclama Céleste après les avoir comptés. Pile ce qu'il faut. Les enfants, venez par ici.

Céleste attira Rose et ses frères auprès d'elle, puis posa tendrement les mains sur leurs épaules.

La porte de la chambre froide s'ouvrit et Balthazar, l'arrière-arrière-arrière-grand-père de Rose, en surgit, avec à la main un énorme bocal bleu entouré de fil barbelé, dans lequel on aurait dit que des milliers de brosses à dents électriques s'étaient soudain mises en marche.

— C'est prêt ? dit-il.

Céleste fit oui de la tête et lui hurla :

— Lâche les abeilles !

Balthazar plaça le bocal sur le sol au centre de la cuisine et souleva le couvercle. Un terrifiant nuage noir et jaune, vrombissant et velu, commença à tournoyer dans les airs.

— Et voici l'Essaim de la terreur muettisante ! s'écria Balthazar en tirant sur sa barbe.

— C'est pour les Cookies à la miellez-vous-de-ce-qui-vous-regarde, expliqua Céleste par-dessus le bourdonnement. Celui qui mange un cookie imbibé de venin de l'Essaim de la terreur muettisante ira se mêler de ses affaires. On les a testés pour la première fois sur des trappistes. Croyez-le ou non, avant ce jour fatal, ces moines étaient de vrais moulins à paroles. Bla, bla, bla. Après avoir dégusté ces petites merveilles, ils ont été les premiers à faire vœu de silence parmi tous les ordres monastiques.

Sur ces paroles, Céleste sortit un kazoo de sa poche.

— Attention !

Céleste plissa les lèvres et joua un tango. L'essaim s'immobilisa aussitôt et les abeilles prirent chacune position au-dessus d'un petit tas de pâte chocolatée. Rose sentit sur ses joues la caresse de l'air soulevé par leurs ailes.

Quand Céleste souffla une nouvelle fois dans le kazoo, les trois cents abeilles plongèrent leur dard dans une boule de pâte. Il y eut comme un soupir, et le bourdonnement

perdit de son intensité. Les insectes s'envolèrent et réinté-
grèrent leur bocal un à un.

Balthazar se dépêcha de refermer le couvercle.

Soulagés, Oliver et Origan sortirent en rampant de dessous la table.

— Berk, dit Origan.

Rose remarqua qu'une pâte jaune et gluante dégoulinait sur les murs et sur le sol. Origan y trempa le bout de
l'index.

— Les abeilles ont tout sali.

Balthazar gratta son crâne chauve. Son doigt se couvrit
de la même substance collante. Il la goûta de la pointe de
la langue.

— Du miel, marmonna-t-il.

Céleste et Rose enfournèrent les cookies fraîchement
piqués. Quelques minutes plus tard, elles les transférèrent,
fumants, sur un plateau. Peu après, Oliver et Origan sortirent dans la rue les distribuer à la foule de reporters et de
photographes.

À peine les journalistes mordirent-ils dedans que leurs
yeux s'illuminèrent du même or que le corselet d'une
abeille. Et aussitôt, chacun d'eux fila comme un dard…
En moins de dix minutes, ils avaient tous déguerpi, emportant appareils photos, perches à son et le reste.

Oliver et Origan rapportèrent leurs plateaux vides à la
cuisine. Depuis le Gala, Oliver, à grand renfort de gel,
coiffait ses cheveux en épis de huit centimètres. Ceux-ci, à
présent, penchaient comme de longues tiges fanées. Quant
à Origan, il avait une grosse bosse sur le front.

— Quelqu'un m'a donné un coup de micro ! pesta-t-il,

furieux. Ce sont des barbares, ces gens-là. Des *barbares*, je vous dis !

Oliver brandit un morceau de papier orange.

— J'ai trouvé ça sur la porte après leur départ. Il y en a plein collés partout sur la façade.

La feuille était hérissée de morceaux de scotch.

Céleste la lui prit des mains et lut à voix haute :

« En vertu du décret HC 213, le Bureau des Affaires américaines déclare que cette entreprise doit CESSER TOUTE ACTIVITÉ COMMERCIALE. Le décret prend effet immédiatement. »

— Ils ont droit de faire ça ? s'étonna Origan. Ils ont pas besoin de nous en parler avant ?

— Mais on vient juste de toucher le jackpot ! s'écria Oliver, exaspéré. Katy Perry a commandé un gâteau !

Céleste fronça les sourcils et poursuivit sa lecture :

« La loi sur la Protection des Pâtisseries à Grande Échelle stipule que les pâtisseries comptant moins de mille employés doivent renoncer à exercer leurs activités. Les grandes pâtisseries industrielles souffrent de la concurrence déloyale des petites pâtisseries familiales implantées sur l'ensemble du territoire américain. Dorénavant, la vente de vos gâteaux est frappée d'interdit. Toute infraction sera sévèrement punie. »

Rose avala sa salive. Elle sentit un choc mou contre sa cheville. Elle baissa la tête et vit Serge le chat, qui l'observait. Il s'enroula autour des jambes de Rose et se mit à ronronner.

— Un vœu impulsif peut avoir un goût amer. Je t'avais prévenue !

1

Le chat est dans le sac

Vingt-sept jours plus tard très exactement, Rose s'éveilla dans une chambre aussi chaude que l'intérieur d'une chaussette tout juste sortie du sèche-linge.

Elle venait de passer vingt-sept jours dans une maison glaciale. Les fours éteints, le rideau de la devanture baissé, bref, la pâtisserie fermée. Vingt-sept jours à se ronger de culpabilité. Rien qu'en faisant un petit vœu de rien du tout, elle, Rosemary Bliss, avait soufflé un coup de froid sur sa ville.

Elle s'étira dans son lit, savourant la chaleur de cette matinée de juin. On était dimanche, elle n'avait pas besoin de se traîner jusqu'aux couloirs moroses du collège. Depuis la fermeture de la pâtisserie Bliss, ses camarades de classe avaient le moral à zéro, comme tout le monde à Calamity Falls. Les professeurs n'avaient plus la pêche, les équipes de sport enchaînaient les défaites, même les pom-pom girls avaient perdu leur enthousiasme. « Pfft », marmonnaient-elles durant les matchs en secouant mollement leurs pompons.

Le pire, c'était que Devin Stetson lui aussi avait été

atteint : sa frange blonde pendouillait, terne et grasse, sur son front. Au point que Rose se demandait ce qui avait bien pu lui plaire chez lui.

Et Rose déprimait plus que tout le monde : elle seule, à Calamity Falls, connaissait la véritable raison pour laquelle la pâtisserie avait fermé ses portes.

— Encore une semaine, marmonna-t-elle sans bouger de son lit.

— Chut ! fit une petite voix à côté d'elle. Je dors !

Rose souleva les couvertures et découvrit un petit tas grognon vêtu d'un pyjama : sa petite sœur de quatre ans, Nini, recroquevillée comme une virgule contre le mur.

— Nini, il faut que t'arrêtes de te glisser en douce dans mon lit !

— Mais j'ai peur, gazouilla Nini.

Elle fit papillonner ses grands cils noirs et Rose sentit monter une nouvelle vague de culpabilité. Les soudaines terreurs nocturnes de la bambine étaient sans doute aussi sa faute.

— Encore une semaine avant quoi ? ronronna une autre voix.

Serge, roulé en boule contre le ventre de Nini, ouvrit un œil vert qu'il darda sur Rose. Ce chat était doué de parole depuis le jour où il avait mangé les Biscuits au fromage bavardeurs de leur arrière-arrière-arrière-grand-père. N'empêche, elle continuait à être stupéfaite chaque fois qu'il ouvrait sa minuscule gueule moustachue pour en placer une.

— T'as donné ta langue au chat ou quoi ? demanda-t-il.

— Avant les grandes vacances, dit Rose. Je n'en peux plus. Tout le monde est grincheux !

Elle prit une grande inspiration et huma une douce odeur de cannelle et de noix de muscade qui lui réchauffa le cœur.

— Quelqu'un est en train de faire des gâteaux ! s'exclama-t-elle.

Serge étira ses pattes de devant et fit le dos rond. Sa queue se redressa en point d'exclamation.

— On vit dans une *pâtisserie,* au cas où tu l'aurais oublié.

— Mais… mais… mais…, hoqueta Rose, nous sommes fermés ! Par ordre du gouvernement !

Nini cligna des yeux et se mit à grattouiller les oreilles tombantes de Serge. Depuis qu'elle avait été délivrée du sort horrible qui l'obligeait à chanter sans cesse les éloges de sa tante Lily, la petite fille avait adopté une sérénité digne du bouddha. Elle ouvrait rarement la bouche et n'énonçait alors que de profondes vérités. Elle posa l'index sur la ride d'inquiétude qui barrait le front de Rose et déclara avec calme :

— Être fermé n'est que l'occasion de s'ouvrir à autre chose.

— Que nous soyons ouverts ou fermés, faire cuire quoi que ce soit revient à commettre une infraction, rétorqua Rose avec une grimace. Descendons ! Vite !

Après avoir enfilé un tee-shirt rouge et un short beige, Rose courut à la cuisine en compagnie de Nini et de Serge. Ils arrivèrent pile au moment où Chip entrait par

19

la porte du jardin. Chip avait été soldat dans une autre vie. À la pâtisserie Bliss, il s'occupait d'habitude de la caisse et des clients. Rose ne savait pas ce qu'ils feraient sans lui.

— Je ne comprends pas ce que je fais là. Il y a toujours la pancarte FERMÉ sur la porte. Le rideau est baissé et toutes les lumières de la devanture sont éteintes.

— Eh bien, Chip, déclara Céleste, assieds-toi que je vous explique à tous la situation.

Chip prit place sur un tabouret au bout de la table, autour de laquelle les parents de Rose, ses frères et Balthazar étaient réunis devant une pile gigantesque de courrier de fans. Albert, le père de Rose, tenait la lettre officielle envoyée par le gouvernement des États-Unis. Il la lisait et la relisait, comme s'il s'attendait à y trouver une note de bas de page en caractères minuscules qui en invaliderait le contenu.

— Cette loi est un tissu d'absurdités ! grommela-t-il.

Nini se coula sous la table pour grimper sur les genoux de sa mère. Rose se glissa entre ses deux frères.

— Je suis d'accord : ça n'a aucun sens, acquiesça Céleste. C'est pourquoi, dès aujourd'hui, la pâtisserie Bliss reprend du service.

— Mais, Céleste protesta Albert, tu vas faire de nous des hors-la-loi !

Balthazar épongea son crâne chauve avec un mouchoir.

— Ma chérie, le gouvernement stipule que nous n'avons pas le droit d'exercer notre profession. Ce document est très clair : à moins que nous n'ayons plus de mille employés, nous sommes fermés. Cet avocat aux tarifs faramineux,

Bob Solomon, n'a pas réussi à dénicher la moindre faille. Et notre amie sénatrice, Nell Katey, n'a pas avancé d'un pouce avec son groupe de pression à Washington. On a affaire à quelque chose de sournois.

Serge fit le gros dos, cracha et se mit à griffer rageusement le bois de la table comme s'il se trouvait devant une cage pleine de souris.

— Serge, le gronda gentiment Céleste. Arrête, s'il te plaît.

Serge se laissa tomber sur le sol, se contorsionna dans tous les sens et roula sur le dos.

— Désolé. C'est comme ça que font les scottish folds quand rien ne va plus.

— La loi nous interdit toute activité *commerciale*, expliqua Céleste dont les yeux brillaient d'une étrange lueur. Elle ne dit rien sur les entreprises *à but non lucratif.* Nous devons cesser de *vendre* nos pâtisseries, mais nous pouvons continuer d'en *faire* !

— Tu n'es pas en train de suggérer que…, commença Oliver, abasourdi.

— … l'on distribue nos pâtisseries *gratuitement* ? termina Origan.

Oliver plaça sa tête dans ses mains en faisant bien attention à ne pas se décoiffer.

— Je n'en crois pas mes oreilles ! Ce n'est pas ainsi qu'on deviendra riches !

— Si, c'est exactement ce que je suggère, confirma Céleste. Notre travail est plus important que l'argent. Calamity Falls a besoin de nous.

Origan émit un grognement digne d'une scène de théâtre.

À côté d'elle, Albert replia délicatement la lettre avec un grand sourire.

— On ne pourra pas fonctionner sans argent indéfiniment – on n'en a pas les moyens. Cela dit, tentons le coup jusqu'à ce qu'on imagine une façon de contourner cette loi débile.

— Je donnerais ma tête à couper que c'est la faute de Lily.

Balthazar se leva de table et se mit à arpenter la pièce de long en large en se triturant la barbe, puis ajouta :

— Souvenez-vous : Lily ne nous a jamais rendu *L'Apocryphe d'Albatross*. Je vous parie un Pain à la banane du je-me-suis-trahi que Lily utilise les recettes de cet ouvrage pour semer le chaos au sein de notre gouvernement. J'aurais dû le détruire quand j'en ai eu l'occasion en 1972.

L'arrière-arrière-arrière-grand-père de Rose se plaisait souvent à rappeler à ses proches les dangers *L'Apocryphe d'Albatross*, un grimoire qui rassemblait des recettes particulièrement pernicieuses rédigé il y a très longtemps par un des moutons noirs de la famille. D'habitude, il était rangé dans une pochette au dos du *Livre de recettes des Bliss*, mais quand Lily leur avait rendu celui-ci lors de sa déconfiture au Gala des Grands Gâteaux Géants, *L'Apocryphe* avait disparu.

— Mais on n'a pas de preuve, Balthazar ! protesta Albert.

D'après Rose, il essayait davantage de se convaincre lui-même que de persuader Balthazar. L'arrière-arrière-arrière-grand-père de Rose prit un air offusqué.

— Au diable tout ça ! vociféra soudain Oliver. La solution à tous nos problèmes nous crève les yeux ! Tout ce que

Rose a à faire, c'est de tourner une pub pour les produits Mimie Brossard, et nous pourrons aller prendre notre retraite à Tahiti. C'est *eux* qui nous feront des gâteaux !

Origan et lui se claquèrent dans les paumes.

Céleste lui donna une légère tape sur la tête.

— Ce n'est pas une question d'argent, Oliver ! Il s'agit des habitants de cette ville. Ils ont besoin de nous. Et nous avons besoin d'eux. La pâtisserie, c'est notre raison d'exister dans ce monde.

— En plus, enchérit leur père, on peut se le permettre dans l'immédiat. On a toujours mis des sous de côté, en prévision d'un coup dur. Et celui-là est le pire qui soit jamais arrivé à Calimity Falls.

Dans le tréfonds de son cœur, Rose sentit naître une minuscule lueur d'espoir et le désir de faire un peu de bien de la seule manière qu'elle connaissait.

— Comment on va procéder ? demanda-t-elle à sa mère.

Céleste lui adressa un beau sourire et l'angoisse des vingt-sept derniers jours s'évanouit comme la brume au lever du soleil.

— Désormais, nous dirigeons la pâtisserie Bliss Underground, annonça Céleste. Nous cuisinerons vingt-quatre heures sur vingt-quatre, et à partir de demain matin, nous irons livrer personnellement nos gâteaux, tartes et muffins aux habitants de la ville. Ils nous sont restés fidèles lorsque nous étions en difficulté et que nous avions perdu le *Livre*. C'est l'occasion de leur prouver notre gratitude.

D'un grand geste dramatique, Albert déchira la lettre du gouvernement :

— Ça, c'est la meilleure idée que j'aie jamais entendue !

Céleste posa Nini sur les genoux d'Albert et se mit à faire les cent pas dans la cuisine encombrée.

— Chip va s'occuper des courses, dit-elle en se tournant vers son assistant baraqué. Albert, peux-tu te charger de l'inventaire de nos ingrédients magiques ?

Elle se redressa de toute sa hauteur et ajouta :

— Nous ne baisserons pas les bras.

— Tu peux compter sur moi, lui promit Rose.

Quel bonheur, se disait-elle, de pouvoir enfin réparer les dégâts provoqués par son vœu impulsif. Pour la première fois depuis bientôt un mois, elle allait se lâcher et se mettre aux fourneaux, sans caméras ni journalistes. Trois générations de Bliss se lançaient dans ce qu'elles savaient faire le mieux au monde : de la magie en cuisine.

Il était trois heures du matin.

La chaleur ambiante était aussi épaisse que de la gelée de raisin. Rose cassa un œuf d'inséparables masqués dans la mixture, avec quelques courgettes, pour préparer des Muffins de l'amour destinés à M. et Mme Chardon-Phibien, qui, sans l'intervention magique de la pâtisserie Bliss, n'étaient de nouveau plus l'un pour l'autre que des étrangers timides.

Rose incorpora l'œuf et la pâte s'épaissit.

— Maman, regarde !

De petits nuages de farine en forme de cœur s'en échappèrent en sifflant avant d'exploser dans l'air.

Mais Céleste n'avait pas entendu Rose à cause du boucan que faisait le Toucan malaisien de la fortune. Son coassement arrogant fut relâché dans une jatte de crème pâtissière dont elle fourra ses Choux à la crème de cathédrale, sans lesquels les voix de la chorale de Calamity Falls étaient un tantinet fluettes.

— Qu'est-ce qu'il y a, ma chérie ?

— Rien, répondit Rose en continuant de s'occuper de ses muffins.

Balthazar, quant à lui, était en train d'ajouter le regard perçant d'un troisième œil moyenâgeux dans un Fondant père-fille pour M. Borzini et sa fille Lindsey, afin que ces deux-là puissent mieux se comprendre.

— Il ne faut jamais regarder un troisième œil dans euh… l'œil, la prévint Balthazar. Tu risquerais de devenir aveugle.

« J'en prends note, pensa Rose. Ne pas perdre la vue. »

Tous trois s'activaient depuis maintenant seize heures, et ils n'en étaient qu'à la moitié de la liste dressée par Céleste.

La cuisine était pleine de bocaux bleus qui renfermaient divers reniflements et grognements, fées et gnomes, lézards antédiluviens, champignons qui parlent, yeux globuleux, mouches zonzonnantes et pompons brillants et sautillants. Des senteurs de cannelle, de noix de muscade et de vanille tournoyaient dans la pièce. Avec tous ces bruits qui s'échappaient de chez eux, Rose espérait que les voisins n'allaient pas penser que les Bliss avaient transformé leur pâtisserie en zoo.

Albert avait monté les bocaux d'ingrédients un à un de la cave secrète dissimulée sous la chambre froide.

— Attention la tête, les Bliss !

Les étagères étaient presque vides.

Oliver et Origan étaient allés se coucher depuis long-temps. Ils étaient redescendus grignoter un petit quelque chose, mais devant le chaos magique qui régnait dans la cuisine (mâchoires claquantes, lapins volants et explosions de couleur jaillissant de dizaines de saladiers en inox), ils s'étaient dépêchés de retourner d'où ils venaient.

Il y avait des Cookies de la vérité pour cette menteuse de Mme Bonnevoix, des Crêpes à la calme-toi-donc pour Mme Carlson, leur baby-sitter écossaise qui était toujours en colère, et des Chaussons aux pommes-d'aventure pour les timides membres de la Ligue des Littéraires Lettrées.

Il y avait des Biscuits clairvoyants pour Florence la fleuriste, qui était quasiment aveugle, et un Gâteau à la framboise frugale pour Pierre Guillaume, un restaurateur français accro au shopping. Pour Devin Stetson, le garçon aux cheveux blonds qui occupait toutes ses pensées depuis un an, cinq mois et onze jours, Rose avait concocté des Petits Pains à la respire-bien pour l'aider à se débarrasser de son infection chronique des sinus. Selon elle, la sinusite était le seul défaut du divin Devin.

À quatre heures du matin, Rose, assommée par l'haleine brûlante des fours, annonça à Céleste qu'elle avait besoin de s'allonger une minute. Elle s'étendit sur le banc derrière la table et s'endormit comme une masse.

Rose fut réveillée par un soleil doré à point. Serge le scottish fold lui tapotait l'épaule avec sa grosse patte. En lui bavant un peu dessus, il ronronna :

— C'est l'heure des livraisons, Rose ! On a tout ce qui figure sur la liste !

Rose se redressa d'un bond. Sa mère, son père et Balthazar ronflaient tous les trois allongés par terre. Les plans de travail et la table de la cuisine étaient recouverts de boîtes en carton blanches joliment fermées par des rubans rayés rouge et blanc.

Oliver et Origan étaient déjà en train de charger le coffre du monospace de la famille Bliss. Nini, assise à côté des boîtes, apportait sa contribution en les caressant de ses mains enduites de glaçage.

— Soyez sages, répétait-elle.

Origan l'attacha dans son siège auto et se glissa à côté d'elle.

— C'est moi qui conduis, déclara fièrement Oliver.

Il aimait clamer à la cantonade qu'à seize ans il avait l'âge de prendre le volant. Il sortit une carte plastifiée de la poche arrière de son jean noir. Sur la photo, on voyait bien les huit centimètres de ses épis rouquins… au détriment du menton, hors cadre.

— Ouf, dit-il. Je voulais juste être sûr que j'avais mon permis sur moi. Mon permis de *conduire*.

Rose roula des yeux.

— Allons-y, *mi hermana* ! s'écria-t-il. C'est moi qui conduis.

— En fait, si cela ne te dérange pas, je crois que je vais aller livrer à vélo quelques paquets moi-même, répliqua Rose.

Oliver lui jeta un regard en coin, puis haussa les épaules.

— Comme tu veux, *mi hermana*.

Depuis qu'Oliver avait commencé à apprendre l'espagnol au lycée, il parsemait ses propos de mots hispaniques.

Il pensait que ça lui donnait l'air mystérieux et sophistiqué.

Origan hurla par la fenêtre de derrière :

— T'es au courant que y a pas la clim sur ton vélo, hein ?

— Je sais ! lui cria Rose.

Ses frères attendirent qu'elle choisisse quelques boîtes. Elle les empila dans le panier fixé à son guidon et en rangea une avec soin dans son sac à dos. Alors qu'elle s'apprêtait à partir, Serge sauta dans le panier.

— En avant ! miaula-t-il.

Serge sortit sa petite tête grise hors du panier et se tourna vers Rose qui pédalait à vive allure.

— Tu veux bien t'arrêter à la fontaine de Reginald Calamity, ma chère Rose, que je puisse attraper mon petit déjeuner ?

— Serge, il n'y a pas de poisson dans la fontaine, lui rappela Rose. Il n'y a que des pièces de un cent que les gens jettent comme porte-bonheur. C'est une tradition.

— Dans ce cas, je ramasserai cette monnaie pour aller m'acheter une délicieuse tranche de saumon fumé.

Sans ralentir à la fontaine, Rose gara sa bicyclette devant la maisonnette aux murs couverts de lierre où habitaient M. et Mme Phibien-Chardon.

— Pas un mot, Serge, ordonna-t-elle en ouvrant son sac à dos.

Serge sauta à l'intérieur, tournicota pour trouver une position confortable, puis soupira.

— Oh, je sais. Si seulement la vue d'un chat qui parle ne faisait pas défaillir tous ces humains.

Rose écarta le rideau de lierre et appuya sur la sonnette en forme de grenouille.

Au bout d'un moment, M. Phibien ouvrit. Sur son tee-shirt imprimé d'une grenouille, il y avait écrit : EMBRASSEZ-MOI. Il paraissait déprimé, même si ses cheveux blancs étaient aussi hirsutes que d'habitude.

— Bonjour, Rose, la salua-t-il. Quel triste vent t'amène ?

Rose baissa les yeux. Le paillasson indiquait : BIENVENUE AUX GRENOUILLES ET À CERTAINS HUMAINS.

— Ainsi que vous le savez, la pâtisserie Bliss a été obligée de fermer. Cependant, pour vous remercier de votre soutien à l'occasion du Gala des Grands Gâteaux Géants, on vous apporte vos Muffins de l'a… heu… je veux dire… vos muffins aux courgettes préférés.

— Oh la la ! fit-il d'une voix éteinte.

Mais Rose voyait bien dans ses yeux qu'il était touché. M. Phibien était un grand timide, d'où la nécessité de lui fournir les Muffins de l'amour.

M. Phibien remarqua alors les oreilles de Serge qui dépassaient du sac à dos de Rose.

— Oh ! C'est un chat que vous avez là ? Qu'est-ce qui cloche avec ses oreilles ?

Rose sentit Serge se raidir à l'intérieur du sac.

— Rien du tout ! Tous les scottish folds ont les oreilles tombantes.

— Ah bon, acquiesça M. Phibien, songeur, en mordant machinalement dans un Muffin de l'amour. Alors il

a des oreilles de grenouille, sauf que les leurs sont à l'intérieur de la tête.

Serge planta ses griffes dans le dos de Rose.

— Aïe ! s'écria-t-elle en sursautant.

— Quoi ? demanda M. Phibien.

— Rien, répondit Rose.

Il prit une deuxième bouchée qu'il avala bruyamment.
Soudain, une lueur verte fusa dans ses yeux. Il redressa le
dos et se racla la gorge.

— Felidia ! Il faut que je dise à ma belle Felidia combien je l'aime, car une femme aussi exceptionnelle mérite
des louanges quotidiennes ! J'arrive, ma Felidia !

Sur ce, M. Phibien, la boîte de muffins sous le bras,
pivota sur ses talons et claqua la porte au nez de Rose.

— J'ai l'impression que ça a marché, commenta celle-
ci.

Cela dit, elle préférait ne pas penser à ce qui allait
se passer à l'intérieur de la maisonnette des Phibien-
Chardon.

— Des oreilles de *grenouille*, râla Serge. On aura tout
entendu !

Florence la fleuriste soupçonna Rose d'être une cam-
brioleuse jusqu'au moment où elle mordit dans le Biscuit
clairvoyant.

— Ah ! C'est toi, Rose Bliss ! soupira-t-elle, soulagée
que les Bliss ne l'aient pas oubliée.

Pierre Guillaume, dont c'était le jour de fermeture,
mordit dans un Gâteau à la framboise frugale.

— *Sacrebleu** ! s'exclama-t-il, renonçant aussitôt à acheter un yacht sur eBay. Ta gentille maman, l'adorable Céleste, est toujours aux petits soins pour moi.

Boîte après boîte, Rose poursuivit sa tournée, évitant de justesse de mini désastres. Il ne lui resta bientôt plus que celle qu'elle avait glissée au fond de son sac à dos, celle qu'elle brûlait d'aller livrer en personne, et pour laquelle les autres n'avaient été qu'un prétexte.

Elle remonta la côte infernale de la colline des Moineaux et s'arrêta devant la boutique Stetson – Beignets et Réparations automobiles.

Rose se demanda si Devin avait remarqué sa nouvelle coupe de cheveux. La coiffeuse lui avait fait une frange « dégradée effilée », au lieu de la frange droite qu'elle se coupait elle-même devant le miroir de sa salle de bains. Au collège, Rose n'en avait pas dit un mot à Devin, mais elle pensait qu'il avait peut-être vu sa frange dans le journal ou aux infos télévisées. Il fallait bien avouer qu'avec sa nouvelle coiffure elle se sentait plus féminine, plus sûre d'elle. C'était la vérité. Elle n'y pouvait rien.

En roulant un peu des hanches, Rose entra dans le magasin, sa boîte de Petits Pains à la respire-bien dans les mains. Ces petites bouchées sucrées et moelleuses étaient nappées de glaçage à la cannelle. Au centre de chacune, elle avait inséré une cuillerée de crème infusée au vent du nord. Juste ce qu'il fallait pour dégager les poumons et les sinus de toute glaire superflue. Autrefois, Céleste en

* Les mots et expressions en italique suivis d'un astérisque sont en français dans le texte original. *(N.d.T.)*

préparait à Rose lorsqu'un rhume la retenait à la maison. C'était bien plus savoureux que du bouillon de poule !

Devin était derrière le comptoir. Lui aussi avait une frange « dégradée effilée », sauf que la sienne était d'un beau blond cendré. Aux yeux de Rose, ses cheveux brillaient tels des fils d'or. Ses narines étaient rouge vif, et il avait le regard terne. Il se moucha avec un bruit de trompette.

— On dirait un Justin Boo Boo maladif, lui chuchota Serge dans son dos.

— Chuuuuuut ! lui souffla-t-elle en se dandinant vers la caisse.

Elle rassembla ses esprits et prit une grande inspiration.

— Salut, Devin !

Devin s'essuya prestement le nez et lissa sa frange.

— Salut, Rose, répondit-il d'un ton lugubre.

— Ça va ? T'es encore enrhumé ?

— Ouais. *Du m'coddais*, dit-il en reniflant.

Il pianota sur la surface en verre.

— *D'es ude célébridé maidedant*. Ça fait bizarre.

Rose sentit son cœur se serrer.

— Bizarre comment ? En bien ou en mal ?

Devin chercha ses mots.

— En bien, en bien… Euh… Euh…

Son regard allait et venait du visage de Rose à un coin du plafond.

« Est-ce qu'il est intimidé ? se demanda Rose. D'habitude, c'est moi qui suis dans mes petits souliers. »

— Je suis venue parce que même si la pâtisserie est fermée, je voulais t'apporter tes petits choux préférés. Pour que tu ne sois pas trop mélancolique.

Rose n'en revenait pas du mot qu'elle venait de prononcer. *Mélancolique* ? Mais qu'est-ce qui lui avait pris ? Elle parlait comme une vieille mémé de quatre-vingt-dix ans ! Devin allait la prendre pour une sale prétentieuse.

Devin ouvrit la boîte et mordit à pleines dents dans un des petits pains moelleux.

— Mmmmmmmm ! s'exclama-t-il. Quel goût merveilleux !

Ses *m* sonnaient clair comme du cristal.

— Tiens, c'est bizarre ! Je respire !

Il sourit, les yeux soudain vifs.

— Bizarre en bien ? le taquina Rose.

— Oui, bizarre en bien, s'exclama-t-il avec un sourire jusqu'aux oreilles.

Une fois dehors, Rose posa Serge par terre.

— Il n'est même pas si mignon que ça, miaula le chat.

Rose sautillait gaiement. Ses pas n'auraient pas été plus légers si des fées invisibles l'avaient aidée à marcher.

— Parle pour toi, le rembarra Rose qui retrouva sa bicyclette.

Elle se rejouait dans sa tête la scène avec Devin comme on repasse en boucle son DVD favori.

Serge le chat leva un regard méfiant vers la corbeille en métal vide.

— Le panier de ton vélo est vraiment pas confortable. Et puis le vent est glacial, au cas où tu ne t'en serais pas aperçue.

— Tu veux retourner dans le sac à dos ?

— Je n'osais pas te le demander.

Elle s'agenouilla et souleva le rabat. Serge sauta dedans. Elle l'entendit remuer à l'intérieur et marmonner :

— Il fait bien plus chaud ! C'est plus douillet !

Elle remettait son sac sur ses épaules quand elle entendit une voix derrière la clôture, en haut de la colline.

— C'est toi, Rose Bliss ?

Rose se retourna pour apercevoir à contre-jour une silhouette massive. La seule personne qui avait des épaules aussi larges, c'était Chip. Pourtant cet homme n'était pas leur aide-pâtissier.

— Tu es Rose Bliss, si je ne me trompe ? reprit l'inconnu d'une voix grave.

L'homme avait un beau visage, du moins pour un type qui avait au minimum l'âge de son père. Robuste, avec une tête énorme, une mâchoire carrée et des yeux en bouton de bottine. Il avait d'épais cheveux bruns et portait un jogging en velours marron. Ses doigts ainsi que le devant de sa tenue semblaient saupoudrés de farine.

— Cette armoire à glace ne me dit rien qui vaille, murmura Serge. C'est quoi, ce truc qu'il a sur les doigts ? Et puis quel genre de grande personne porterait un jogging en velours marron ?

Les parents de Rose lui répétaient sans cesse de ne pas adresser la parole à des inconnus, mais depuis qu'elle avait remporté le Gala des Grands Gâteaux Géants, tout le monde savait qui elle était. Ce n'était pas la peine de le nier.

— Oui, je suis Rose Bliss.

— C'est bien ce que je pensais, dit l'homme en désignant la vue plongeante sur Calamity Falls. Tu sais ce qui est idiot, Rose ? Cette nouvelle loi sur les pâtisseries !

Rose se détendit un peu.

— Oui, ça n'a aucun sens.

— Ces gens, continua l'homme d'un ton passionné, ils ont besoin de gâteaux, de tartes, de biscuits, de cookies… Une petite douceur par-ci, par-là rappelle à chacun que la vie est belle.

Il posa la main sur son cœur comme s'il s'apprêtait à entonner l'hymne national.

Rose hocha la tête. Elle songea à toutes les vies qu'elle avait embellies ce matin, à tous ceux qu'elle et sa famille avaient aidés. Mais combien de temps tiendraient-ils ? Les Bliss avaient fourni assez de magie à la ville pour deux jours, mais ils n'avaient pas les moyens de continuer à faire des gâteaux sans être payés. Leurs économies ne leur permettraient pas d'inonder indéfiniment la ville de sucreries.

L'inconnu se rapprocha d'elle :

— Une vie sans une part de gâteau ne vaut pas la peine d'être vécue. Tous ces gens, ajouta-t-il avec un nouveau geste vers Calamity Falls, vont sombrer dans la plus noire dépression.

Serge sortit sa patte du sac à dos et en donna un coup dans l'oreille de Rose.

— Ce type ne m'inspire pas confiance, Rose ! souffla-t-il.

L'armoire à glace se pencha jusqu'à ce que ses yeux plongent dans ceux de Rose.

— Est-ce… est-ce que tu voudrais aider ces gens ?

— Mais bien sûr !

Rose repensa à son vœu. Elle ne croyait pas réellement ce que le chat lui avait dit (n'est-ce pas ?). Un vœu ne pouvait pas changer le monde (si ?). Toujours est-il qu'elle aurait bien aimé le ravaler, ce fichu vœu, si seulement c'était possible.

— C'est ce que je souhaite le plus au monde, ajouta-t-elle.

— Ah, bien ! dit l'homme. Dans ce cas…

Il claqua des doigts.

Rose n'eut pas le temps de pousser un cri. Un sac vide de farine géant s'abattit sur elle et sur Serge, les enveloppant de ténèbres.

2

Faire du mieux possible avec ce qu'on a

Les deux heures que Rose passa avec Serge enfermée dans le sac de jute furent les pires de sa vie.

Premièrement, qui apprécie d'être kidnappé et jeté dans un sac ? Toutes sortes de questions vous viennent à l'esprit, du style « Où m'emmènent-ils ? Vais-je m'en sortir ? » Deuxièmement, être enfermé à l'intérieur d'un sac de toile dans un véhicule en mouvement en plein été, c'est un peu comme se retrouver dans un four à l'humeur baladeuse, qui tressaute, qui cahote, et qui, en plus, *se déplace*. Troisièmement, les résidus de farine sur les parois du sac, mélangés à sa transpiration, formaient une pâte gluante dégoûtante sur sa peau. Elle eut beau s'escrimer à ouvrir le sac avec ses ongles, le nœud était trop serré.

Et puis, il y avait Serge.

— J'ai des griffes, chuchotait-il sans arrêt. Ne l'oublie pas, Rose. Mes griffes sont des armes de destruction massive.

Heureusement, leur ravisseur n'avait pas l'air d'entendre le discours du chat noyé par le vrombissement du moteur et les coups de klaxon des automobilistes impatients. Rose s'efforçait de garder son calme et de crier à intervalles réguliers :

— Où vous m'emmenez ? Laissez-moi partir !

En pure perte chaque fois.

Quand la camionnette s'arrêta enfin, une paire de bras costauds souleva le sac. Des portes s'ouvrirent et Rose reconnut le bourdonnement d'un climatiseur.

Les bras les déposèrent sur une chaise et ôtèrent le sac.

Aveuglée par une lumière crue, Rose ferma les yeux.

Elle était assise sur une chaise en fer rouillé au centre d'une pièce aux murs et au sol de béton. De minces rais de jour filtraient par de minuscules fenêtres placées au ras du plafond. À un bout de la pièce, il y avait un bureau recouvert de dossiers. Derrière, le mur était garni de vieux classeurs métalliques. Les tubes de néon du plafond crépitaient et bourdonnaient comme s'ils retenaient prisonnières des lucioles radioactives.

La pièce sentait le métal et le désinfectant. Rose fut prise de nostalgie en pensant aux arômes de la pâtisserie : beurre, chocolat, gâteaux tout juste sortis du four…

— J'aime pas cet endroit, murmura Serge. (Il délogea à coups de patte les grumeaux de farine coincés dans les plis de ses oreilles.) On se croirait dans un film… un documentaire qui montre à quel point les bureaux sont des endroits déprimants.

Rose caressa la tête ronde du chat.

— Tout va bien. Tu as tes griffes, tu te rappelles ?

— Et comment ! ronronna-t-il.

Rose ébouriffa ses cheveux, épousseta la farine sur son tee-shirt rouge, ses paupières, derrière ses oreilles, et même sous ses aisselles.

— Où suis-je ? hurla-t-elle.

Comme personne ne répondait, elle se retourna. Au fond de la pièce, deux hommes se tenaient debout à côté d'une fontaine à eau d'une propreté douteuse. L'un d'eux était l'armoire à glace en jogging de velours marron, l'autre était un grand maigre à lunettes avec une longue tête chauve en forme de bulbe trop petite pour sa taille. Un extraterrestre en costard, se dit Rose.

— Ohé ? brailla-t-elle à nouveau. Où suis-je ?

Ni l'un ni l'autre ne lui prêtèrent la moindre attention. Ils continuaient de discuter près de la fontaine en buvant de l'eau dans des cornets en papier.

— Qu'est-ce que c'est que ça ? s'écria l'homme chauve en gesticulant vers Rose.

Une gerbe d'eau jaillit du cornet.

— Tu devais rapporter le *LIVRE*.

— Pour le *Livre*, c'était pas possible, patron, répondit l'armoire à glace. La pâtisserie est fermée. On peut pas entrer. Alors j'ai pris la *pâtissière* à la place.

Rose laissa échapper un cri. Ces deux-là en avaient après le *Livre de recettes des Bliss* ! Mais que voulaient-ils donc en faire ? C'était déjà assez terrible que tante Lily ait pu mettre la main dessus, mais depuis qu'elle le leur avait rendu, Rose était persuadée qu'ils n'avaient plus rien à craindre de ce côté-là.

Le grand chauve se resservit d'eau.

— Non, je n'ai pas dit la *pâtissière*, j'ai dit le *Livre*. On a besoin du livre.

Le costaud poussa un gros soupir :

— Mais, patron, la *pâtissière*, c'est ce qu'il y a de mieux après le *Livre*. Elle a remporté ce concours en France. Elle peut le faire.

Le grand chauve fixa Rose avec des yeux ronds.

— Elle est trop jeune ! dit-il d'une voix tranchante. Et maigrichonne, avec ça ! Et elle a un chat dans son sac à dos, un chat aux oreilles cassées !

— Je vous entends, vous savez ! fulmina Rose. Je suis là ! Et si vous ne me dites pas où je suis, je lâche mon chat sur vous !

Serge sauta du sac toutes griffes dehors, cracha et feula. On aurait dit une mante religieuse qui se préparait à un combat de boxe.

— Et ses oreilles ne sont pas cassées, ajouta Rose. C'est une particularité de sa race.

— N'ayez pas peur, jeune dame, dit le grand chauve. On va tout vous expliquer, mais calmez donc ce vieux matou.

Rose jeta un regard sévère à Serge, lequel haussa les épaules et rentra ses griffes.

— Gentil minou, susurra-t-elle.

Elle le prit sur ses genoux et le caressa jusqu'à ce qu'il ronronne.

— Voilà, il est calmé, dit-elle. Maintenant, je répète : Où suis-je ?

Les deux hommes se dirigèrent vers le bureau en rasant les murs pour éviter Serge.

Le grand chauve s'assit derrière le bureau. L'armoire à glace en jogging se plaça derrière lui, adossé aux classeurs rouillés.

— Vous êêêêtes, déclara le grand chauve, dans la meilleure pâtisserie de l'univers : la Corporation des Véritables Petits Gâteaux.

Il se frappa les deux index et fixa Rose à travers les verres de ses lunettes. Non seulement cet individu n'avait pas de cheveux, mais il avait une bouche sans lèvres. On aurait dit que la peau en dessous de son nez et celle au-dessus de son menton, à un moment donné, avaient décidé de s'arrêter.

— Je m'appelle M. Beurre, et mon associé tout en muscles, que vous avez déjà eu le plaisir de rencontrer, c'est M. Kerr.

— « Véritables », hein ? douta Rose.

Elle avait entendu parler des Véritables Petits Gâteaux, bien sûr. Comme tout le monde. C'était ceux avec la petite vache blanche au coin de l'emballage.

À la cafétéria de l'école, Rose avait vu ses camarades sortir de leur sac des paquets de Véritables Petits Gâteaux : des petits gâteaux au chocolat fourrés à la guimauve, des cupcakes noirs à pois blancs, des gâteaux à la vanille garnis de crème au chocolat… Ils avaient tous des noms qui n'avaient rien à voir avec leurs ingrédients ni leur apparence : Fondants mordants, Tartelettes lunaires et Machins des rois. Rose n'avait jamais eu l'idée de goûter aux Fondants mordants et aux Machins des rois, car sa mère lui emballait toujours une délicieuse sucrerie maison pour le dessert. Et puis, ces petits gâteaux ne duraient que le temps d'une ou deux bouchées.

— MM. Beurre et Kerr, de la Corporation des Véritables Petits Gâteaux, répéta Rose. C'est noté. Maintenant je pourrai dire à la police qui m'a kidnappée.

De la bouche aux lèvres inexistantes fusa un ricanement.

— Kidnappée ! Vous entendez ça, monsieur Kerr ? La pauvre petite croit qu'on l'a *kidnappée* !

M. Kerr lança un regard gêné à Rose.

— Euh…

— Vous m'avez amenée ici dans un sac à farine, les accusa Rose. Contre ma volonté !

— Oh, mais vous avez mal interprété nos intentions, mademoiselle Bliss, poursuivit M. Beurre d'une voix aussi onctueuse que son nom. Nous ne vous avons pas *kidnappée*. Nous vous avons amenée ici pour vous faire une *offre d'emploi*.

Rose fronça les sourcils.

— Un emploi ? Quel genre ?

— On a besoin d'aide pour nos recettes, déclara tout à trac M. Kerr en se frottant les mains sur le velours de son jogging.

M. Beurre lui jeta un coup d'œil furibond, puis se tourna à nouveau vers Rose, tout sourire :

— Oui, c'est l'idée, dit-il en tapotant le bureau avec ses doigts. Vous voyez, Rose, ici, à la Corporation des Véritables Petits Gâteaux, nous sommes aussi horrifiés que vous par cette loi sur la Protection des Pâtisseries à Grande Échelle. Certes, elle nous avantage, puisque nous avons plus de mille employés. Alors, on s'est dit qu'on pourrait aider une pâtissière au chômage telle que vous en vous faisant travailler pour nous.

Serge se mit soudain à se trémousser sur les genoux de Rose – ni l'un ni l'autre n'était allé aux toilettes depuis des heures.

— Considérez ça comme un programme d'échange culturel, ajouta M. Kerr d'une voix si profonde qu'on aurait dit que sa gorge essayait de ravaler les mots avant qu'il les prononce.

— *Exactement*, enchérit M. Beurre. Voyez-vous, Rose, on a beaucoup à apprendre l'un de l'autre.

— Vraiment ? s'étonna Rose.

— La Corporation possède le meilleur équipement du monde, avec une surface de plusieurs milliers de mètres carrés, des machines à la pointe de la technologie et un personnel de plus de mille professionnels de la pâtisserie.

M. Beurre marqua une pause pour savourer le tableau qu'il venait de brosser. Puis il enchaîna :

— C'est ce qu'il vous manque, à vous. Car vous, Rosemary Bliss, êtes une pâtissière sans pâtisserie.

Rose baissa la tête. M. Beurre avait tort. La famille Bliss avait bel et bien une pâtisserie. C'était juste qu'on leur avait retiré le droit de s'en servir. Elle repensa à leur petite cuisine telle qu'elle l'avait vue la dernière fois, encombrée et chaude. Hélas, ils ne pouvaient plus se permettre de subvenir aux demandes en douceurs de la ville. Elle était fatiguée, et ses parents aussi. Ils ne pouvaient pas continuer comme ça.

— Ce qui nous manque, à nous, poursuivit M. Beurre, c'est l'amour que vous autres, pâtissiers des petites villes, mettez dans chaque miche de pain, dans chaque petite crêpe, dans chaque détail du glaçage des cupcakes, dans chaque…

— Je comprends, le coupa Rose.

— Vous savez aussi bien que moi à quel point un dessert, quand il est parfait, adoucit notre vie, reprit M. Beurre d'un ton irrité. Le bonheur des habitants de toutes les villes, des élèves de toutes les écoles, bref de tout le monde, dépend de ce petit bout de paradis que l'on trouve, par exemple, dans une tarte Bliss, ou une part de gâteau.

— Ou un muffin, enchaîna M. Kerr. Ou un croissant. Ou un clafoutis. Ou…

— J'ai compris, rétorqua Rose sèchement.

M. Beurre se racla la gorge et passa ses doigts au-dessus de ses yeux, là où auraient dû se trouver ses sourcils.

— À la Corporation des Véritables Petits Gâteaux, nous pensons que nos petits gâteaux frôlent la perfection, ce que ne reflète pas, hélas, notre chiffre de ventes. Ils ne peuvent rivaliser avec l'amour et… comment pourrait-on appeler ça ?… la *magie* que vous autres petites pâtisseries êtes capables d'offrir.

Rose lança un regard soupçonneux à M. Beurre et sentit son estomac se nouer. « De la magie ? Il ne peut pas savoir pour la magie ? Si ? »

— Pourquoi priver les autres villes de ce que possède Calamity Falls ? Des gourmandises exquises, prêtes à l'emploi, toujours fraîches, fabuleuses ? continua M. Beurre. Avant votre arrivée fortuite, nous avons…

— Vous m'avez *kidnappée*, lui rappela Rose d'un ton accusateur.

Sur ses genoux, Serge gronda.

— … nous avons eu l'aide d'une chef pâtissière

étoilée qui était en train de perfectionner nos recettes. Malheureusement, elle est allée participer à un concours à Paris, et elle n'est jamais revenue ensuite.

Rose comprit aussitôt qu'il ne pouvait s'agir que de la sournoise tante Lily.

— C'est pour ça que nous avons besoin de vous, insista M. Beurre. Pour nos recettes. Pour que nos gâteaux soient les meilleurs du monde. Pour terminer le travail que l'autre génie de la pâtisserie a laissé en plan.

Rose baissa la tête vers Serge. Celui-ci ouvrit de grands yeux, comme pour dire : « Tu n'as pas intérêt », et fouetta l'air de sa queue.

— Pourquoi moi ? interrogea Rose. Pourquoi ne pas choisir quelqu'un dans une des innombrables pâtisseries qui viennent de fermer à cause de cette loi grotesque ?

M. Beurre se tapota le bout du nez avec l'index.

— Vous nous avez été chaudement recommandée.

— Par qui ?

— Jean-Pierre Jeanpierre, du Gala des Grands Gâteaux Géants. Il vous a désignée comme la lauréate du plus prestigieux concours de pâtisserie du monde, non ? N'est-ce pas normal que nous fassions appel à vous ?

Rose rougit. C'était flatteur. Même si c'était très louche. Apparemment, personne n'était prêt à oublier ce fichu concours.

— Mais vous avez dit tout à l'heure que vous vouliez le *Livre* plutôt que la pâtissière. Vous parliez de quel livre, exactement ?

— On a entendu dire qu'à la pâtisserie Bliss vous utilisiez... un livre spécial qui rend vos desserts délicieusement magiques, répondit M. Beurre. Que le secret de votre succès réside dans…

— Non ! mentit Rose.

« Mais comment savaient-ils pour le *Livre* ? »

— Il n'y a aucun livre spécial ! On exécute toutes nos recettes de mémoire. Je ne sais pas qui vous a raconté cette histoire de livre, mais on s'est moqué de vous, on s'est payé votre tête, cette personne ment comme elle respire…

— Et c'est pour ça que nous vous avons amenée ici, lui fit observer M. Beurre. Vous êtes notre unique espoir, Rosemary Bliss. Nous avons désespérément besoin de votre aide. Pas seulement pour nous, mais pour tous ceux qui espèrent trouver un peu de bonheur dans une pâtisserie.

Il retira ses lunettes et se tamponna les yeux du coin de son mouchoir.

— Nous accorderez-vous votre aide dans ces temps si difficiles ?

M. Beurre avait l'air de croire aux vertus de la pâtisserie. Certes, il avait *kidnappé* Rose, mais sa mère ne l'aurait jamais autorisée à venir, de toute façon. Au fond, M. Beurre n'avait pas eu le choix pour bénéficier de son savoir-faire.

Et sa famille allait avoir besoin de cet argent.

Cela lui permettrait de faire un peu de bien autour d'elle et de récolter quelques sous pour ses proches. Elle avait fait le vœu de ne plus jamais pâtisser, d'accord, mais la pâtisserie n'en avait peut-être pas terminé avec elle.

— Je peux vous aider, déclara-t-elle.

Serge planta ses griffes dans sa jambe. Elle poussa un hurlement.

— *Je n'avais pas fini !* marmonna-t-elle au chat entre ses dents.

Elle se tourna à nouveau vers M. Beurre :

— Je peux vous aider, à la condition de me laisser téléphoner à mes parents pour leur dire où je me trouve. Ils sont probablement morts d'inquiétude.

— D'accord, répliqua M. Beurre, quand vous aurez fait quelques gâteaux.

Rose sentit ses cheveux se dresser sur sa tête.

— Vous m'avez prise en otage !

M. Beurre s'esclaffa.

— En otage ! Je ne connais même pas ce mot. Vous êtes libre de partir quand vous le souhaitez, ajouta-t-il en examinant les ongles de sa main droite. Une fois que vous aurez accompli votre devoir, cela va sans dire.

— Vous ne pouvez pas me garder ici contre ma volonté ! protesta Rose.

— Contre votre volonté ? Vous n'êtes pas notre prisonnière. Vous pourrez aller et venir à votre guise... une fois que nos cinq recettes seront parfaites.

Rose ne tirerait rien de ce type. Elle pensa à ses parents, à Oliver et à Origan qui étaient sans doute revenus de leur tournée. Albert et Céleste leur demanderaient où était passée Rose. Ils répondraient qu'elle avait voulu prendre son vélo pour effectuer quelques livraisons personnelles. Sa famille ne commencerait à s'inquiéter qu'au coucher du soleil. D'ici là, elle pourrait avoir terminé ses gâteaux, ou au moins trouvé un téléphone.

— OK, accepta-t-elle en serrant Serge si fort qu'il

comprit qu'il n'avait pas intérêt à sortir ses griffes. Je vais m'occuper d'abord de vos recettes.

— Suivez-moi, répondit M. Beurre avec un sourire. Je vais vous montrer le laboratoire.

M. Beurre mena Rose le long d'un couloir vivement éclairé. M. Kerr fermait la marche. Serge, à moitié hors du sac à dos, avait posé les pattes sur l'épaule gauche de Rose. Son grondement continu dans son oreille la rassurait.

M. Beurre ouvrit une porte blindée. Rose fut aussitôt assaillie par l'odeur de sucre, de chocolat et de javel, la chaleur des fours et le tintamarre des machines industrielles qui sifflaient, tapaient, tremblaient, vibraient.

Ils suivirent M. Beurre sur une passerelle métallique munie d'une rambarde, du haut de laquelle on avait une vue d'ensemble de l'usine toute d'acier inoxydable étincelant. Des pales immenses brassaient du chocolat dans des cuves géantes. Des dizaines d'ouvriers coiffés de résilles parsemaient de pois blancs glacés des centaines de cupcakes au chocolat qui défilaient devant eux sur un tapis roulant semblable à celui sur lequel sont livrés les bagages dans les aéroports. Une presse mécanique monstrueuse scellait hermétiquement chaque petit gâteau dans un emballage en plastique, puis un autre tapis les déversait dans des boîtes en carton.

Rose observa la scène d'un air dégoûté. Elle avait l'habitude d'emballer chaque précieuse pâtisserie dans une boîte blanche qu'elle fermait ensuite avec de la ficelle dorée.

— C'est splendide, n'est-ce pas ? s'extasia M. Beurre, les narines dilatées et les bras écartés dans un geste majestueux. Nous produisons huit mille petits gâteaux à la minute. Notre usine est plus grande que le Pentagone, et nous avons plus de camions de livraison que la poste.

Lorsqu'ils arrivèrent au bout de la passerelle, M. Beurre fit entrer Rose et Serge dans une petite pièce vitrée suspendue de façon précaire au-dessus de l'usine. Rose regarda en contrebas l'enchevêtrement de tapis roulants et eut la même sensation désagréable au creux de l'estomac que lorsqu'elle s'était penchée par-dessus la rambarde au sommet de la tour Eiffel.

La pièce vitrée était vide à l'exception d'un socle éclairé surmonté d'une cloche en verre. À l'intérieur reposait un morceau de gâteau au chocolat fourré à la crème pâtissière. Elle reconnut tout de suite le Fondant mordant.

— Pourquoi vous avez une pièce entière dédiée à un Fondant mordant ?

M. Kerr plissa ses yeux noirs.

— Ce n'est pas *juste* un Fondant mordant !

— Sous cette cloche, commença M. Beurre d'un ton solennel, repose l'origine même de la Corporation des Véritables Petits Gâteaux. Notre empire a été bâti sur le Fondant mordant. Chaque Américain dévore en moyenne pas moins de trois kilos par an de ces merveilles.

Rose se rappela la manière dont ses camarades d'école les engloutissaient en deux bouchées.

— Berk ! Alors, pourquoi celui-ci est-il sous cloche ?

— Ceci, dit M. Beurre en relevant à nouveau ses lunettes pour s'essuyer les yeux, est le premier Fondant mordant qui ait jamais existé. Et il est aussi frais que le jour où mon grand-père l'a fabriqué en 1927.

Rose était horrifiée. Le Fondant mordant avait presque un siècle. Il aurait dû être complètement pourri.

— C'est infâme !

— C'est *sensationnel* ! éructa M. Beurre, ses bras filiformes plaqués contre son corps maigre. C'est le pouvoir des *conservateurs*. C'est ce qui manque à vos pâtisseries maison. Deux jours après leur cuisson, elles se dessèchent et terminent à la poubelle. Grâce aux conservateurs, en revanche, on peut garantir que chaque Fondant reste aussi délicieux que le jour de son achat, peu importe quand vous le mangez. Ces gâteaux, dans un sens, sont immortels.

Serge, qui avait le regard fixé sur le Fondant, fut pris de haut-le-cœur.

— Oups ! Mon chat a une boule de poils coincée dans la gorge ! s'écria Rose.

Elle se précipita hors de la pièce avec Serge et le posa délicatement sur la passerelle.

— Je veux partir, miaula-t-il tout doucement afin que seule Rose puisse l'entendre.

— Moi aussi je veux rentrer à la maison, chuchota-t-elle. Mais il faut qu'on trouve un moyen de sortir d'ici.

— Nous aussi on veut que vous retourniez chez vous ! s'écria M. Beurre qui était sorti du mausolée du Fondant mordant juste à temps pour entendre la phrase prononcée par Rose. Mais d'abord, nous avons du pain sur la planche. Nous allons vous conduire dans notre laboratoire principal. C'est le plus bel endroit du monde !

— Je croyais que c'était Disneyland, murmura Serge.

M. Beurre passa son bras osseux autour des épaules de Rose.

— Votre mission, que vous avez déjà acceptée, est de parfaire nos cinq produits phares. Après quoi, vous serez libre de partir. Avec nos remerciements en prime, naturellement.

— Naturellement, répéta Rose, la gorge nouée. Perfectionner quelques recettes, ça ne doit pas être très sorcier.

Elle jeta un regard à Serge.

Mais le chat se contenta de secouer la tête et d'exhaler un long soupir.

3
Les PCK

M. Beurre et M. Kerr firent monter Rose et Serge à l'arrière d'une voiturette de golf.

— C'est parti, mon kiki ! hurla M. Beurre. Direction le lieu où la magie opère !

— La magie ? s'étonna Rose.

« Y avait-il des magiciens-pâtissiers ici ? Non, impossible… »

— Façon de parler, expliqua M. Beurre. Je fais référence, bien sûr, à la magie de l'industrie !

— Oh, dit Rose avec un soupir de soulagement.

De son sac à dos, le chat murmura :

— Épargne-moi ça, s'il te plaît.

La voiturette de golf passa devant des dizaines d'entrepôts rectangulaires, tous peints d'un gris fade. Entre les bâtiments, Rose en aperçut des centaines d'autres, à perte de vue, comme s'ils venaient d'entrer dans un labyrinthe de blocs grisâtres dont ils ne pourraient jamais s'échapper. Les bâtisses étaient si hautes et si proches les unes des autres que même le soleil de la fin d'après-midi n'atteignait pas le sol. Les rues de la Corporation des Véritables Petits Gâteaux étaient aussi sombres qu'en pleine nuit.

Le soleil allait se coucher dans environ une heure. Rose savait que ses parents ne tarderaient pas à s'inquiéter. Elle hésita à se jeter hors du véhicule et à s'enfuir en courant. Mais dans quelle direction ?

— Il y a combien de bâtiments ? s'enquit-elle d'un ton qui se voulait détaché.

— Plus de cent soixante-quinze rien que dans ce complexe, répondit fièrement M. Beurre. Et nous avons une autre usine au Canada. Celle-là ne comprend que cent vingt-cinq entrepôts.

Après ce qui sembla une éternité, M. Kerr s'arrêta devant un bâtiment, gris, forcément. Le chiffre 67 était peint en énorme sur un des côtés. Il sortit un talkie-walkie de la poche de sa veste :

— Marge, PCIC à l'approche. Terminé.

Soudain, une partie du mur coulissa, comme une porte automatique de garage, et M. Kerr fit franchir l'ouverture à la voiturette. La porte se referma derrière eux, les plongeant dans le noir complet. Rose sentit sur ses joues le souffle de l'air conditionné.

Lorsque le plancher se mit à vibrer, Rose comprit qu'ils étaient dans un monte-charge. Une minute plus tard, la voiturette émergeait dans une immense cuisine au sol recouvert d'un linoléum rouille. Il y avait des tables de travail en inox et des fours professionnels dernier cri.

Tout autour de la pièce étaient disposés les appareils les plus sophistiqués qu'on puisse imaginer :

batteurs-mélangeurs, mixeurs, friteuses, grille-pain, plats brunisseurs, robots multifonctions, casseroles et poêles en inox, plus un râtelier contenant vingt spatules de différentes tailles et couleurs.

Rose étouffa une exclamation. Elle n'aimait pas l'idée d'avoir été amenée ici contre sa volonté, mais elle n'avait rien contre cette cuisine. Elle était quasi parfaite. Seule y manquait une réserve secrète de bocaux bleus remplis d'ingrédients magiques comme ils en avaient à la maison.

— C'est quelque chose, n'est-ce pas ? se vanta M. Beurre. Bienvenue dans notre laboratoire.

Il claqua des doigts. Des hommes et des femmes en blouse, tablier et toque immaculés sortirent en file indienne par une petite porte au fond de la pièce sur laquelle on pouvait lire QUARTIER DES CUISINIERS. Avec des mouvements admirablement synchronisés, les six pâtissiers et pâtissières s'alignèrent au garde-à-vous derrière les tables de préparation.

Ils avaient tous à peu près la même taille, c'est-à-dire qu'ils n'étaient pas plus grands que Rose. Mais, contrairement à elle, ils étaient tous gros comme des tonneaux, ou, pour employer un langage plus scientifique, en surpoids.

Les grands sourires qu'ils affichaient n'avaient rien de joyeux. On aurait dit que des hameçons invisibles étiraient leurs bouches.

— Mais pourquoi ils sont ronds comme ça ? chuchota Serge, blotti dans les bras de Rose. Si on les poussait, ils se mettraient à rouler !

— Chhhut ! fit-elle. Je ne sais pas.

M. Beurre s'approcha des tables d'une démarche

nonchalante et se pencha. Un rictus étira ses minces lèvres et il montra du doigt une surface en inox d'une propreté impeccable.

— Il y a une tache, là. Quelqu'un a mal fait son travail !

Il claqua des doigts.

Un des pâtissiers haleta, courut jusqu'au mur du fond et attrapa un torchon propre et un spray nettoyant. Il revint au pas de course vers la table et frotta de toutes ses forces la tache invisible.

M. Beurre sortit une loupe de sa poche.

— C'est mieux, approuva-t-il.

Il se redressa, s'éclaircit la gorge et prit un air mélodramatique.

— Voici nos meilleurs pâtissiers. Ils sont spécialistes de tous les aspects de la création de notre fantastique ligne de produits. Et maintenant, ils sont à vos ordres, Rosemary Bliss.

— Euh… d'accord.

Les pâtissiers regardaient tour à tour M. Beurre et Rose. Elle entendit celui qui se tenait tout au bout de la rangée déglutir bruyamment.

— Et voici notre sous-chef pâtissière, Marge.

La femme qui se tenait tout près de Rose avait des joues roses et rebondies. Des mèches de cheveux châtains dépassaient de sa toque. Elle avait une bouche en forme de cerise au marasquin et un nez aussi rond qu'un cupcake. Les poches de son tablier débordaient de papiers et de recettes.

— C'est moi, Marge, je suis responsable de cette brigade. Laissez-moi vous présenter nos spécialistes. Voici Ning, notre expert en glaçage.

Ning, un homme aux cheveux noirs coupés en brosse et aux sourcils pointus, avec un grain de beauté au-dessus de la lèvre, salua Rose d'une flexion du buste.

— Et Jasmine, notre MTG. Comprenez : modificatrice de texture de gâteau.

Marge s'avança dans le rang jusqu'à une femme avec deux longues tresses brunes qui pendaient de sous sa toque. Jasmine hocha la tête et le grand sourire plaqué sur son visage s'élargit encore.

— La texture d'un gâteau, comme vous devez le savoir, c'est ce qu'il y a de plus important, continua Marge. Et je vous présente Gene, le vice-président de la garniture à la guimauve et aux fruits.

Gene avait une moustache brune et de longs cheveux bouclés retenus par une résille.

— Et tout au bout, indiqua Marge, nous avons les jumelles, Mélanie et Félanie. Respectivement spécialistes des noix et des pépites.

Deux blondes aux cheveux coupés court et au visage éclaboussé de taches de rousseur saluèrent Rose de la main. Leur gigantesque sourire découvrait leurs gencives.

« Ils sourient tous de peur », songea Rose qui comprit soudain que M. Beurre les terrifiait.

— Voilà la brigade au complet, conclut Marge.

— À mon tour de vous présenter, annonça M. Beurre avec un délicat mouvement de sa main squelettique et blanche comme de la craie, Mlle Rosemary Bliss, la nouvelle chef des PCIC.

— Elle est beaucoup plus jeune que celle d'avant,

déclara Marge qui se dépêcha d'ajouter : Mais tout aussi digne de notre profond respect !

Rose fronça les sourcils.

— PCIC ? Qu'est-ce que c'est que ça ? On dirait le bruit que fait Serge quand il a une boule de poils dans la gorge.

Les pâtissiers gloussèrent.

— Les PCIC, expliqua M. Beurre, sont les produits qui sortent de nos fours. Les Fondants, les Machins des rois et le reste. Ce sont tous des PCIC : des produits consommateurs d'imitation culinaire.

— D'*imitation* culinaire ? répéta Rose, abasourdie.

— À cause des conservateurs et des substances chimiques ajoutés à nos délicieux desserts, le gouvernement ne les classe pas dans la catégorie « culinaire », mais dans la catégorie « imitation culinaire ».

M. Beurre haussa les épaules comme s'il s'agissait d'un inconvénient mineur, puis fit un clin d'œil à Rose.

— Mais vous et moi savons tous deux que le gouvernement se trompe tout le temps, n'est-ce pas ?

Rose pensa à la loi stupide qui les avait obligés à fermer la pâtisserie Bliss et approuva de la tête.

— C'est bien vrai.

Marge aperçut soudain la boule de fourrure grise nichée dans les bras de Rose.

— Oh ! Un chat ! roucoula-t-elle en soulevant Serge et en le berçant comme un bébé. Il n'y a rien que j'aime davantage sur notre triste globe terrestre qu'un gros chat bizarre avec des yeux d'alien et des oreilles tombantes.

Serge jeta un regard méprisant à la pâtissière joufflue.

— Ah, ça ! Pas de chat dans la cuisine ! s'exclama M. Kerr qui arracha Serge des bras de Marge et le fourra dans le sac à dos de Rose.

Par-dessus le crissement de la fermeture Éclair, Rose entendit le chat pousser un gros soupir.

— Alors, je m'y mets maintenant ? s'impatienta-t-elle.

Autant en finir tout de suite avec cette comédie. À la maison, ils devaient être fous d'inquiétude.

— Voilà ce que je veux entendre ! opina M. Beurre. Mais non. C'est trop tard pour aujourd'hui. Vous commencerez demain matin.

— Parce que vous croyez que je vais *dormir* ici ? protesta Rose, outrée. Ce n'est pas ce qui était convenu !

M. Beurre grinça des dents, mais répliqua gaiement :

— Il le faudra bien, pourtant, si vous êtes censée parfaire les cinq recettes dans les cinq jours que nous vous octroyons…

— Cinq jours ?! s'écria Rose, sous le choc.

Elle qui pensait y passer quelques heures, tout au plus.

— Ce n'est pas suffisant pour une pâtissière moyenne, je sais, concéda M. Beurre, mais n'êtes-vous pas la célèbre (il toussa dans sa main) Rosemary Bliss ? La plus jeune pâtissière à avoir remporté le Gala de blablabla ?

— Le Gala des Grands…

— Oui, oui, je sais comment ça s'appelle. J'ai dit « blablabla » pour vous montrer que je ne suis pas impressionné. Donc, pour ne pas perdre une seconde des cinq jours qui restent avant… enfin, des cinq jours que nous vous accordons, vous allez loger ici. Votre chambre se trouve en haut de cet escalier, dans le bureau qui donne sur les cuisines de développement des PCIC. Demain, vous vous y collerez. Marge et sa brigade se chargeront d'exécuter vos brillantes idées. Le personnel vit là à demeure. Par conséquent, si un rêve vous inspire une idée de génie à trois heures du matin, réveillez Marge, et tout le monde se ralliera à vous.

— Tous les pâtissiers habitent ici ? s'étonna Rose.

Elle regarda autour d'elle, de moins en moins rassurée.

— Bien sûr, dit M. Beurre. Ils dorment dans le quartier des pâtissiers. Où vivraient-ils sinon ?

— En ville ? Avec leurs familles ? suggéra Rose.

— Oh ! s'esclaffa M. Beurre comme si Rose venait de sortir une blague hilarante. Non, Dieu merci ! Nous avons formé une cellule de crise, Rose, et cela nécessite d'être en alerte vingt-quatre heures sur vingt-quatre. Qu'est-ce qu'une famille et un foyer quand il s'agit de perfectionner des petits gâteaux ? Rien ! Tout ce qui compte – pour moi, pour la Corporation et pour vous –, c'est que ces recettes soient menées jusqu'à la perfection ultime.

Il laissa choir une de ses mains osseuses sur son épaule.

— Les pâtissiers n'iront nulle part tant que notre petit problème ne sera pas réglé. Vous non plus, d'ailleurs. Bonne nuit, Rose. À demain matin.

Rose grimpa l'escalier métallique en colimaçon qui s'élevait dans le coin du laboratoire jusqu'à une pièce en mezzanine. Serge ronflait dans son dos, ce qui la rassura sur son sort.

La chambre avait des parois vitrées et surplombait la

cuisine – on aurait dit un aquarium géant posé sur une étagère. Avec Rose en guise de poisson.

Marge avait éteint les lumières et les pâtissiers étaient retournés dans leurs quartiers. La chambre de Rose était pourvue d'une lucarne, au-dessus du lit, qui donnait sur le monde extérieur. Le crépuscule de juin faisait scintiller l'inox des tables de préparation du laboratoire obscur.

Il y avait des lits jumeaux recouverts d'une couette blanche, un bureau métallique avec une lampe d'architecte et une petite commode en bois. Une porte dans le mur du fond ouvrait sur une salle de bains carrelée de blanc avec des serviettes sur lesquelles CORPORATION DES VÉRITABLES PETITS GÂTEAUX était brodé en rouge. Sur le bureau, elle aperçut un verre de lait et quelques biscuits qui avaient l'air plus secs que secs. « Mon dîner ? »

Elle inspira à fond. La pièce avait une odeur étrangement familière. Étaient-ce les traces d'un parfum ? Un soupçon floral de… elle ne se souvenait pas d'où elle connaissait cette senteur. Peut-être était-ce tout simplement l'odeur réconfortante d'une pâtisserie ?

Rose tira les doubles rideaux blancs pour masquer les cloisons de verre et créer un espace plus intime. Puis elle ouvrit son sac à dos et Serge dégringola sur la couette blanche.

— Ah ! dit-il en se réveillant de sa sieste. On est rentrés, ça y est ?

Il regarda autour de lui, s'assit, puis enroula sa queue autour de ses pattes.

— J'espérais que cet endroit n'était qu'un mauvais rêve.

— J'ai bien peur que non.

Rose prit un biscuit, le cassa en deux, en fourra un morceau dans sa bouche et tendit l'autre à Serge. Puis elle but une gorgée de lait.

— Tout va bien, Rosie, dit le chat entre deux bouchées. Nous vaincrons ! Ne sommes-nous pas des chats ? Les plus rusés, les plus intelligents, les plus imprévisibles adversaires de toute la création ? Ne sommes-nous pas…

— Toi, t'es un chat, pas moi, répliqua Rose, les sourcils froncés. Moi, je suis une fille.

— Peu importe. Ce que je veux dire… c'est très simple. Nous allons nous en sortir. Nous sommes là l'un pour l'autre.

Rose entrouvrit la lucarne au-dessus de son lit et passa la tête au-dehors. Ils se trouvaient très haut. Tout ce qu'elle voyait, c'étaient les toits des autres entrepôts. À l'horizon, elle distingua une clôture de fil barbelé. Ils ne pourraient jamais s'enfuir par cette fenêtre !

Le ciel était d'un violet profond, de la couleur d'une prune bien mûre. Quelques traits orangés transperçaient les nuages. Ses parents devaient être paniqués ! Ils avaient sans doute appelé la police, passé Calamity Falls au peigne fin, trouvé son vélo près de la boutique des Stetson, sur la colline des Moineaux, et Devin Stetson devait leur avoir dit qu'elle avait effectué sa dernière livraison vers trois heures de l'après-midi. Ils devaient savoir à présent qu'elle avait disparu depuis tout ce temps.

Rose poussa un soupir. Elle voulait juste rentrer chez elle. Sa sœur et ses parents lui manquaient, Balthazar et Chip aussi, et elle avait même envie de voir ses frères !

— Je regrette d'avoir fait ce vœu, marmonna-t-elle. Le

vœu de ne plus jamais pâtisser. Rien ne serait arrivé sans ça.

— Un petit vœu de rien du tout n'a aucun rapport avec ce qui t'arrive, lui fit observer le chat. Essaie de te reposer. Pour nous les chats, c'est la solution à tout : un bon gros dodo. On a toujours les idées plus claires le lendemain matin. Oh ! Au fait, tu pourrais peut-être penser à partager ton lait...

Rose contempla son verre à moitié vide.

— Je suis désolée, Serge, c'est pas très poli de ma part.

Elle pencha le verre vers le sol et laissa Serge laper le reste.

— Oh non ! Je n'ai pas de pyjama !

— Moi non plus, dit Serge en levant les yeux sur elle avec un sourire de chat. Pourtant, est-ce que je me plains ?

Rose explora les tiroirs de la commode. Ils étaient pleins de pantalons en lin blanc de toutes les tailles, de vestes de pâtissier, de toques et de sous-vêtements pour garçons.

— Sérieux ? dit-elle en sortant un paquet de slips neufs. Je dois porter *ça* ?

Serge se tordit le cou pour se lécher le dos.

— Argggg ! Va-t'en, sale tache ! Je me lave depuis qu'on est arrivés, et il y a encore de la farine dans ma fourrure !

Rose se rassit au bord du lit, à côté de Serge. Ils se blottirent l'un contre l'autre et Rose s'imagina à la maison, avec sa famille.

Nini extraite de son pantalon et de son tee-shirt crasseux qui manifestait bruyamment son désaccord jusqu'à ce qu'on la boucle dans son pyjama. Origan qui débitait des blagues sous le projecteur – la lampe de bureau de

Rose orientée vers lui – et saluait un public en délire imaginaire. Oliver qui élaborait des stratégies pour le « Grand
Final » : la grosse farce qu'il mijotait pour la dernière
semaine d'école. Quant à ses parents…

Rose papillonna des paupières pour retenir ses larmes.
Dire que ce soir, leur vie était sens dessus dessous. Ils
étaient encore sans doute tous debout, si inquiets pour
Rose qu'ils ne pouvaient ni manger ni dormir. Il lui fallait
coûte que coûte trouver un moyen de les rassurer.

Elle écarta les doubles rideaux et jeta un regard circulaire aux appareils qui reposaient dans l'obscurité du
laboratoire. Que pourrait-elle utiliser pour demander de
l'aide ?

— Il y a quelque chose de pas net ici.

— Tu l'as dit, approuva Serge, ce lino ne va pas du
tout avec l'inox des tables de préparation. C'est d'un goût
affreux.

— Mis à part la déco, dit Rose en grattouillant le
menton de Serge qui se mit à ronronner et ferma les yeux.
Ces pâtissiers ont une peur bleue de M. Beurre. Et ces
machins qu'ils confectionnent… ces produits consommateurs d'imitation culinaire ? Une pâtisserie, ça doit être
naturel, sain. C'est de la vraie nourriture. Pas une *copie* de
nourriture.

— Sans parler du fait qu'ils nous ont kidnappés, lui
rappela Serge.

— Je n'ai aucune envie de les aider à perfectionner
leurs stupides PCIC. Il faut qu'on s'échappe. Si on trouvait le bouton du monte-charge, on pourrait descendre au
rez-de-chaussée.

— Et ensuite ? Tu as l'intention de franchir ces bar-belés ?

Rose resta silencieuse. Le chat ouvrit les yeux et se remit à se lécher le dos.

— Tu veux bien allumer cette lampe, Rose ? Je ne vois pas ce que je fais...

— Je croyais que les chats voyaient dans le noir !

— C'est juste un truc qu'on raconte pour épater les gens. En réalité, ma vision nocturne est aussi mauvaise que la tienne, admit Serge.

Rose alluma la lampe et regarda par la lucarne. Il faisait nuit noire, à présent.

— Mes parents doivent être dans tous leurs états. Ils doivent me croire morte.

Elle se retourna et enfouit son visage dans l'oreiller. Serge arrêta sa toilette et s'assit sur sa tête, ce qui était sa façon à lui de dire qu'il ne savait pas quoi ajouter.

Puis, tout à coup, il sauta d'un bond sur la commode.

— Le Chatappel !

— Quoi ? fit Rose.

Serge s'assit sur son arrière-train et se frappa les pattes de devant.

— Comment ai-je pu oublier l'existence du Chatappel ! Ça ne nous sortira pas d'ici, toutefois on fera passer un message aux tiens pour qu'ils sachent qu'on est prison-niers, mais saufs. Pour qu'ils ne s'inquiètent pas, tu vois.

— Super ! dit Rose, soulagée. C'est quoi, un Chatta Pelle ?

— Le Chatappel est un réseau, expliqua Serge. À un moment donné de l'histoire féline, toutes les races ont décidé que, même si chacun pense à part soi que sa propre race est supérieure aux autres – ce qui est stupide, puisque les scottish folds sont sans conteste la race suprême –, en temps de crise, il fallait qu'on s'unisse pour le bien commun. Bien avant Facebook, nous avons formé ce qui a été le premier réseau social, le Chatappel.

« Si je transmets un message à un chat, continua Serge, il le transmettra à un autre chat, qui le répétera à un autre chat, et ainsi de suite jusqu'à ce que le message tombe dans les bonnes oreilles. Cela prend un peu de temps, mais ça marche.

Rose craignait que Serge n'ait inventé cette histoire rien que pour la rassurer.

— Je croyais que tu étais le seul chat qui parle, dit-elle, soupçonneuse.

— Ton étroitesse d'esprit est attendrissante. La plupart des chats ne parlent pas *anglais*, comme moi. Mais tous les chats parlent le *félinais*. Tu ne peux pas l'entendre, mais c'est une langue.

Rose était trop contente d'apprendre l'existence du Chatappel pour se vexer. Si elle ne pouvait pas s'évader de cette usine-prison infernale, au moins sa famille saurait qu'elle était saine et sauve.

— Et comment faire pour transmettre le message à d'autres chats ? Où vas-tu en trouver un ici ?

— Il va falloir que je sorte, bien entendu.

— Mais comment ?

Serge sauta sur le rebord de la lucarne et regarda en bas, puis il se dirigea vers le mur de verre qui donnait sur le laboratoire.

— Là-bas ! dit-il. Tu vois ce tuyau ?

Rose plissa les yeux. Un tuyau d'incendie était enroulé sur un mur.

— Tu veux descendre le long du tuyau que j'aurai déroulé par la fenêtre ? demanda-t-elle.

— Pas du tout ! s'exclama Serge. Tu es folle ! Je me casserais une griffe ! Tu vas attacher le tuyau à la lanière de ton sac à dos, me mettre dedans et le faire descendre en douceur.

Rose, penchée par la lucarne, vit le chat sauter du sac à dos et disparaître dans les ténèbres, la queue bien droite.

Elle le regrettait déjà. Serge dormait en général sur le lit de Nini, mais son ronron nocturne était si bruyant que Rose l'entendait à travers la pièce, un peu comme les vagues de l'océan dans la nuit. Il n'y avait rien de mieux pour calmer les nerfs.

« Peut-être que je devrais essayer de descendre le long du tuyau, moi aussi. »

Mais le bâtiment dans lequel elle se trouvait était d'une hauteur vertigineuse et l'entrée du complexe fort éloignée. Quel chemin prendre une fois dehors – si elle réussissait à sortir ? Elle ne savait même pas où se situait l'usine. Calamity Falls était-elle au sud ? À l'ouest ? Tout ce qu'elle avait à faire pour qu'on la libère, c'était de perfectionner quelques recettes. Ça ne pouvait pas être bien compliqué. Elle y parviendrait peut-être en moins de cinq jours.

Rose fit remonter le tuyau par la lucarne, le redescendit dans le laboratoire obscur et le réenroula autour de son support, en espérant qu'elle n'avait pas réveillé les pâtissiers.

Son estomac se mit à gargouiller. Après tout, dans une cuisine, se dit-elle, il devait bien y avoir quelque chose pour calmer sa faim. Elle chercha partout. Il n'y avait que des ingrédients pour faire des gâteaux. Un repas ne se résumait pas à un dessert, quand même. En apercevant, dans un coin sombre, une pile de Fondants mordants dans leur emballage, elle fut brièvement tentée.

Mais une centaine de friandises en tout point identiques les unes aux autres, cela n'était guère appétissant. La perfection industrielle. Rose repensa à M. Beurre et ne put réprimer un frisson de dégoût.

Elle remonta dans sa chambre et se glissa sous la couette blanche. « Qui dort dîne. »

4

Les Tartelettes lunaires à la j'en-veux-encore

Rose fut réveillée le lendemain matin par une lumière d'un affreux jaune verdâtre qui filtrait à travers les parois vitrées.

Elle se leva, encore à moitié endormie.

— Réveille-toi, Serge, dit-elle machinalement.

Au-dessous d'elle retentissaient des bruits de casseroles. Les pâtissiers s'agitaient dans le laboratoire et astiquaient, frénétiques, les surfaces en inox, lesquelles étaient pourtant tout aussi éclatantes de propreté que la veille.

La mémoire lui revint d'un coup : Serge était parti transmettre un message par le Chatappel. Elle jeta un œil par la lucarne. Aucun scottish fold en vue : Serge n'était pas encore revenu.

Rose se sentit encore plus triste et seule.

Elle observa de nouveau le laboratoire. Elle vit que Mélanie, Félanie et Gene nettoyaient l'intérieur d'une friteuse de la taille d'une petite piscine. Jasmine et Ning frottaient les portes des fours.

— Sifflez pendant que vous travaillez ! leur ordonna

Marge qui circulait entre eux, son énorme sourire vissé aux lèvres.

À ce signal, les pâtissiers se mirent tous à siffloter d'entraînantes mélodies. Ils s'arrêtaient régulièrement pour taper dans leurs mains, puis ils reprenaient la chanson. Rose étudia leurs visages. Tous affichaient ce sourire démesuré : la bouche légèrement entrouverte, les lèvres étirées. Pourquoi des employés condamnés à vivre dans une usine souriaient-ils comme ça tout le temps ?

Rose sélectionna la plus petite tenue de la garde-robe. Le pantalon était trop grand et elle garda son short en dessous.

C'était une sensation étrange. Une enfant déguisée, voilà ce qu'elle était. Pas du tout la chef des produits consommateurs d'imitation culinaire ! À moins que la toque bouffante ne lui confère un certain pouvoir, un peu à la manière d'un chapeau de sorcière.

Elle veilla à ne pas trébucher sur les revers du pantalon trop long quand elle descendit les marches d'acier de l'escalier en colimaçon.

— Ahhh ! rugit Marge. Voici la chef ! Tous à vos postes !

Mélanie et Félanie accoururent à la rencontre de Rose. Après l'avoir saluée par une révérence, elles la guidèrent vers un plan de travail en inox aussi imposant qu'une porte d'église. Ning et Jasmine lui apportèrent un plateau sur lequel étaient disposés du café, un numéro du *Wall Street Journal* et un scone beurré et nappé de confiture.

Rose était sur le point de mordre dedans lorsqu'elle s'aperçut que tous les pâtissiers la regardaient, toujours avec le même sourire gigantesque.

— Vous n'êtes pas obligés de me sourire, leur lança-t-elle.

Les pâtissiers et pâtissières prirent aussitôt la même mine renfrognée.

— Vous n'êtes pas non plus obligés de faire la tête, leur fit remarquer Rose.

Certains se remirent à sourire, d'autres passèrent alternativement d'une expression à l'autre. Tous avaient l'air perdus.

Rose soupira d'exaspération :

— Souriez si vous voulez ! Faites la tête si ça vous chante ! Ou alors ne faites rien du tout ! Ça m'est égal. Je vous assure.

Ils échangèrent des regards interloqués et se détendirent un peu. Certains se remirent à sourire, mais cette fois plus naturellement. Le dénommé Ning agita les sourcils. Ils avaient enfin l'air normal.

— Voilà qui est mieux, approuva Rose.

Elle prit une bouchée de scone et fit la grimace. Il était si sec qu'il absorba toute sa salive. Elle but une grosse gorgée de café pour la faire passer. Et ils appelaient ça un petit déjeuner ?

— J'ai douze ans. Vous devriez me donner du lait, ou un jus de fruits. Pas du café.

— Oh ! C'est ma faute ! s'exclama Gene, le pâtissier aux cheveux bouclés.

— C'est pas grave, le rassura Rose en repoussant le plateau. On doit se mettre au travail de toute façon. Marge, par quoi on commence ?

— Par ceci.

Marge tendit à Rose une boîte colorée où était inscrit : TARTELETTE LUNAIRE ! Avec, dans le coin, l'image d'une vache souriante, emblème de la Corporation des Véritables Petits Gâteaux.

— C'est le premier PCIC de la liste : les Tartelettes lunaires. Les ventes chutent d'année en année, et on est en train de faire des essais pour une nouvelle recette, mais on n'a pas terminé. Voilà ce que nous avons obtenu jusqu'ici. C'est ce que nous a laissé la chef qui vous a précédée.

Sur le côté de la boîte, Rose lut : TARTELETTES LUNAIRES ! UN COOKIE FOURRÉ À LA GUIMAUVE NAPPÉ D'UN DÉLICIEUX GLAÇAGE AU CHOCOLAT ! Le couvercle était découpé en forme de lune et emballé sous cellophane. Rose ouvrit la boîte et en sortit la fameuse tartelette. Ses doigts furent tout de suite recouverts de copeaux de chocolat.

Elle regarda la pâtisserie et elle se jeta à l'eau.

Le chocolat avait un arrière-goût de cire, le biscuit était rassis et lorsque ses dents et sa langue entrèrent en contact avec la guimauve, elle eut l'impression de mordre dans de la craie.

Elle cracha le morceau de Tartelette lunaire dans la poubelle et s'essuya la langue du revers de la main.

— Pouahhh ! s'exclama-t-elle. Je suis désolée, mais c'est carrément *dégueu*.

Alors qu'elle ôtait les derniers copeaux de chocolat collés à ses lèvres, elle fut soudain prise d'une envie irrésistible d'en manger encore. Il y avait quelque chose dans cette Tartelette lunaire qui la poussait à en avaler davantage.

— C'est bizarre, dit-elle. C'était infect, et pourtant, j'en veux encore.

— Moi, je les adore, répliqua Marge d'un ton grave en se fendant de son effrayant sourire mécanique. Cependant, je pourrais les aimer encore plus. C'est pour ça que vous êtes là, Rose. Nous comptons sur vous pour les rendre meilleures, conclut-elle en tapant dans ses mains.

— Meilleures ? répéta Rose, sidérée.

Comment rendre meilleur quelque chose d'immangeable à la base ?

— Notre précédente chef du développement des PCIC, poursuivit Marge – elle tenait beaucoup à ce qu'on l'appelle *chef* –, était en train de perfectionner la recette. Malheureusement, elle n'a pas eu le temps de terminer !

Toujours en souriant, Marge sortit de sa poche une pile de fiches en carton maintenues par un élastique et tendit la première à Rose. Une recette y avait été joliment calligraphiée à l'encre violette.

— C'est tout ce qu'elle a pu faire.

Dans le coin supérieur de la fiche, figurait un rouleau à pâtisserie en relief d'où fusaient des rayons lumineux. Cette image était vaguement familière à Rose, mais elle ne savait plus où elle l'avait vue.

En revanche, elle reconnut tout de suite l'écriture. C'était celle de Lily. Comme elle s'en doutait, la « chef » et sa tante maléfique ne faisaient qu'une.

La recette était divisée en trois parties.

1. Biscuit

300 g de farine, 1 pincée de bicarbonate de soude, 300 g de sucre, 2 œufs, 1 pincée de vanille. Cuire à 190 degrés pendant 8 à 10 minutes.

« Rien de spécial ici, se dit Rose. Rien d'anormal non plus qui puisse donner un goût aussi infect à cette Tartelette lunaire. »

2. Glaçage au chocolat noir
Faire fondre un kilo de chocolat légèrement sucré dans
2 tasses de lait et 1 tasse de paraffine.

« C'est dégoûtant ! pensa Rose. De la paraffine à la place du beurre ! Pas étonnant que l'extérieur soit si brillant. » Mais ça n'expliquait toujours pas le goût étrange. Quand elle entama la troisième partie, Rose poussa un cri.

*3. CRÈME À LA GUIMAUVE : Pour les habitants de Delhaney Square, elle fit bouillir trois poignées d'**eau** avec trois poignées de **sucre**. Elle laissa refroidir la mixture et y incorpora les blancs battus en neige de douze **œufs de poule**. Elle remua encore jusqu'à obtention d'une crème de guimauve.*
*Puis elle ajouta quatre noisettes de **FROMAGE DE LUNE**.*

Rose reposa la fiche et regarda Marge, estomaquée. Cette recette de crème à la guimauve provenait du *Livre de recettes des Bliss*. Bien sûr !

Sauf que dans le *Livre*, celui ou celle qui mangeait la crème devenait aussi insubmersible qu'une bouée à la surface de l'océan. Et que l'ingrédient magique était le souffle d'une sirène – non un fromage de lune (qu'est-ce que ça pouvait bien être, d'ailleurs ?). Céleste leur avait préparé cette crème spéciale une fois lors d'un séjour familial au bord de la mer, afin qu'aucun de ses enfants ne risque de se noyer.

Non seulement la recette transmise chez les Bliss de génération en génération avait été volée, mais en plus, on l'avait modifiée !

— Mais ça vient du livre de recettes de ma famille ! s'étrangla Rose.

— C'est impossible ! réfuta Marge, sa main aux doigts boudinés pressée contre son cœur.

— Où est-ce que vous l'avez eue ? demanda Rose, scandalisée.

Soit Lily avait recopié le *Livre* et laissé un exemplaire ici, soit…

Marge passa les doigts sur la fiche cartonnée comme s'il s'agissait d'un objet de grande valeur.

— Cette recette est une création de celle qui vous a précédée, notre bien-aimée chef ! C'était *son* travail, *son* inspiration, *son* génie, *sa*…

— Attendez ! l'arrêta Rose.

La logorrhée élogieuse de Marge lui rappelait quelque chose. Sa petite sœur, Nini, avait été victime d'un sort similaire après avoir mangé l'une des préparations de Lily.

— Est-ce que votre chef s'appelait… Lily ?

Les pâtissiers échangèrent des regards perplexes.

— Son nom, c'était « chef », l'informa Marge. Nous ignorons si elle avait un autre nom.

— C'était peut-être « Son Excellence », suggéra Félanie avec un soupir de regret.

— Ou « La plus belle de toutes », ajouta Mélanie, rêveuse.

Rose baissa des yeux ahuris sur la fiche qu'elle avait dans les mains. Le *Livre de recettes des Bliss* était réputé impossible à recopier. En décoller la reliure aurait détruit les recettes, et on ne pouvait pas le photocopier. Lily en avait-elle recopié quelques-unes à la main avant de leur rendre le *Livre* ? Si c'était le cas, pourquoi ne marchaient-elles pas ? Elle tapota la fiche de l'index. Peut-être à cause de ces bizarres substitutions d'ingrédients...

— C'est *quoi*, un fromage de lune ? s'enquit-elle.

Marge claqua dans ses doigts. Jasmine et Ning ouvrirent le frigo et en sortirent un récipient plein d'un machin blanc tout visqueux.

Au lieu d'être conservé dans un bocal bleu, le fromage de lune reposait dans un récipient carré en verre rouge incrusté de fil de fer barbelé. Rose en avait déjà vu un comme ça, mais où ?

Elle toucha le fromage de lune du bout du doigt. Il n'y en avait pas beaucoup, juste une mince couche au fond. Elle n'avait jamais vu de fromage aussi dense. On aurait dit de la boue séchée.

Elle relut la recette. Quatre noisettes de ce truc, c'était beaucoup trop pour une crème à la guimauve. Pas étonnant qu'elle ait eu un goût de craie. Distraitement, au stylo rouge, elle raya « quatre noisettes », et écrivit : « une noisette ».

— Je ne sais pas de quelle usine vient ce fromage, dit Rose en secouant la tête, mais il faut en mettre très peu dans la guimauve. Je crois savoir comment réparer les dégâts.

— Oh ! C'est merveilleux ! s'exclama Marge, les yeux écarquillés.

Tous les pâtissiers se penchèrent et fixèrent Rose sans ciller et avec le plus grand sourire.

— Arrêtez ! dit Rose. Vous me faites peur ! C'est pas une blague !

Un peu plus tard, sans un mot, Gene apporta à Rose un plateau avec un jus d'orange et une tartine. Il lui fit un clin d'œil avant de rejoindre les autres pâtissiers au travail.

Ning et Jasmine s'occupaient du biscuit, tandis que Gene et les jumelles préparaient la ganache au chocolat (avec du beurre, pas de la paraffine). Rose et Marge se chargèrent de confectionner la crème à la guimauve.

Marge commença par battre en neige une douzaine de blancs d'œufs. Rose fit du sirop et une fois celui-ci refroidi, elle le versa sur les œufs en neige tandis que Marge remuait le tout jusqu'à ce que l'ensemble prenne la texture de la guimauve.

— Le moment est venu d'ajouter le fromage de lune, déclara Rose.

Elle tenta d'extraire une noisette de fromage de lune du récipient rouge, mais la cuillère resta collée à l'intérieur.

— Il faut que je dilue ça, marmonna-t-elle.

Elle versa un peu d'eau dans le récipient et remua, mais le fromage de lune demeurait tout aussi compact. Elle avait beau y enfoncer la cuillère, la substance refusait de bouger.

— Mais qu'est-ce que c'est que ce machin ?

À cet instant, une pile de saladiers en inox glissa de la

table de préparation et atterrit sur le pied de Marge. Les autres pâtissiers levèrent la tête, horrifiés, alors que Marge saisissait son pied à deux mains en braillant.

— Ouille ouille ouille !

Rose s'apprêtait à lui venir en aide lorsqu'elle remarqua que le fromage de lune avait fondu d'un seul coup, comme par magie. Il avait maintenant la consistance d'un beau fromage blanc.

— Ohhh ! souffla-t-elle à mi-voix.

— Quoi ? fit Marge avec une grimace qui n'avait plus rien d'un sourire.

— Je... peu importe.

C'était trop idiot à expliquer. Le cri de douleur de Marge avait-il fait fondre le fromage ? Sur la fiche cartonnée où était inscrite la recette, Rose griffonna : *gémissements/pleurs ?*

Elle incorpora une noisette du fromage de lune ramolli à la crème de guimauve, puis étala le mélange entre deux couches de biscuit. Elle ordonna ensuite à Gene de verser la ganache au chocolat sur le tout.

Une fois le glaçage refroidi, Rose coupa la Tartelette lunaire en morceaux qu'elle distribua aux pâtissiers.

Ning en piqua une bouchée avec sa fourchette et poussa un cri de joie :

— C'est divin !

— Mais comment avez-vous fait ? murmurèrent Mélanie et Félanie à l'unisson, les joues ruisselantes de larmes.

Marge mordit dedans à pleines dents et ses yeux prirent une teinte violet vif des plus étranges.

— Je n'ai jamais rien goûté de pareil, s'extasia-t-elle.

Elle se lécha les lèvres, y passa la langue une fois, deux fois, trois fois.

— Il faut que j'en reprenne.

— Non, *moi* j'en veux encore ! hurla Gene en frottant vigoureusement le grain de beauté au-dessus de sa lèvre supérieure.

Jasmine et lui se bousculèrent pour s'emparer de la dernière part.

Rose enleva prestement l'assiette.

— Non, mais ! C'est pas des manières !

— Pardon, chef ! gémit Ning.

— Nous ne sommes pas dignes de votre attention ! entonnèrent en chœur Mélanie et Félanie, la tête baissée.

— Vous avez raison, opina Marge. La dernière bouchée est pour le génie de nos cuisines, Rosemary Bliss !

« Ils sont vraiment dingues, ces six-là ! » Rose planta sa fourchette dans ce qui restait de la Tartelette lunaire. Le gâteau était méconnaissable. La crème de guimauve parfaite : onctueuse, moelleuse et parfumée. La pâtisserie fondit dans sa bouche.

Rose sentit un léger picotement dans ses pieds. Une agréable sensation l'envahit : ses bras, ses mains, ses jambes, ses orteils, jusqu'au bout de sa langue, tout son corps se mit à pétiller de plaisir. Elle voulut en reprendre, mais l'assiette était vide. Il ne restait pas une seule miette. Les pâtissiers n'avaient pas hésité à lécher la porcelaine pour récupérer la moindre particule sucrée, avec d'horribles bruits de succion.

— J'arrive pas à croire qu'on n'en ait fait qu'une !

s'exclama Rose, enivrée par la délicieuse crème de guimauve. J'aurais pu en manger une douzaine !

Elle leva les yeux. Les six pâtissiers la dévisageaient. La Tartelette lunaire était soudain devenue son obsession. Elle se versa un verre de lait qu'elle but d'un trait. Mais même après avoir nettoyé son palais, la Tartelette lunaire demeurait ancrée dans son esprit. Peu importait vers quoi elle tournait son attention, le dessert semblait flotter devant elle, telle une sucrerie diabolique aux allures de lune magique.

Elle essaya de compter jusqu'à dix en espagnol, mais elle pensa : « una Tartelette lunaire, dos Tartelettes lunaires, tres Tartelettes lunaires… » Elle tenta de se rappeler le nom de sa première institutrice, « Mme Gingembre… Lunaire ? » Non, ce n'était sûrement pas ça. Elle n'avait plus en tête que ces succulentes tartelettes.

— Il faut qu'on en fasse d'autres, annonça-t-elle.

Elle saliva à cette idée, puis se reprit.

— Comme ça… M. Beurre pourra constater qu'on a perfectionné la recette.

Tous les pâtissiers se mirent à glousser.

— Oh ! M. Beurre ne mange pas de sucre ! dit Marge. Il ne goûte jamais aux pâtisseries. Jamais ! Il ne se nourrit que de patates à l'eau.

Elle planta son pouce dans son opulente poitrine et déclara :

— C'est à moi de déterminer si les recettes ont atteint la perfection, et là, je dis que oui !

Après avoir collé la fiche cartonnée de la recette sur le frigo à l'aide d'un aimant, Marge se tourna vers l'équipe.

— Une fournée de douze Tartelettes lunaires ! Et que ça saute !

Ce soir-là, une fois que les pâtissiers eurent terminé le glaçage des Tartelettes lunaires et les eurent mises au frigo (Marge leur avait défendu de les toucher et les avait menacés de son rouleau à pâtisserie), Rose se retira dans sa chambrette vitrée au-dessus de la cuisine. Une grosse Tartelette lunaire toute ronde, enfin la *lune*, argentait les bâtiments de l'usine. La douce clarté des étoiles se déversait par la lucarne carrée.

Les Tartelettes lunaires occupaient toujours les pensées de Rose. « Et si je descendais à la cuisine ? Je pourrais en manger une. Rien qu'une. Ou deux ? Ou cinq ? »

— Rose !

La voix venait de dehors.

Rose se pencha par la lucarne et vit une boule de fourrure grise faire les cent pas au pied du bâtiment et deux yeux verts briller dans le noir.

— Serge ?

— Qui ça pourrait être d'autre ? T'attends un autre félin, peut-être ? Tu vois un autre chat derrière moi…

— Serge ! s'écria Rose. Tu es revenu !

— Oui, oui, je suis là. Rosemary Bliss, lance-moi donc le tuyau.

Rose alla chercher le tuyau d'incendie dans la cuisine obscure, y accrocha son sac à dos et le fit descendre jusqu'au sol.

— Merci ! miaula Serge et il sauta dans le sac.

Elle le hissa avec une seule pensée à l'esprit : « Serge

pourra descendre en catimini me chercher une Tartelette lunaire. »

Lorsque le sac arriva à la hauteur de la lucarne, Serge fendit l'air et atterrit en souplesse sur les genoux de Rose. Elle le serra dans ses bras à l'étouffer.

— Rose ! protesta-t-il. Je sais que je t'ai manqué, mais, s'il te plaît… La cage thoracique des chats n'est pas en acier !

Rose embrassa Serge sur le crâne et le lâcha.

— Désolée. Je suis trop contente de te retrouver. Ce matin, quand je me suis réveillée sans toi, j'avais peur que tu n'aies inventé toute cette histoire de Chatappel juste pour pouvoir t'échapper.

— Comment as-tu pu imaginer une chose pareille ? s'écria Serge, stupéfait. C'est absurde, ma petite.

Rose le regarda droit dans ses yeux verts.

— Alors… T'as trouvé un autre chat ?

— Bien sûr, répondit Serge en se léchant la patte avec sa nonchalance féline coutumière. J'ai traversé la grande mer d'asphalte. Ni le soleil levant ni la faim ne m'ont m'arrêté. J'étais animé d'une volonté de fer… Mais la clôture était trop haute, même pour un chat d'une agilité aussi prodigieuse que la mienne. Je n'ai pas eu le choix. J'ai patienté.

— Et un autre chat est passé par là ? s'enquit Rose.

— Ne me bouscule pas ! miaula Serge en remuant ses moustaches. Une histoire digne de ce nom doit être longue et captivante. Où en étais-je ?

— À la clôture. Tu patientais.

— Ah, oui. La nuit s'est achevée, et j'ai attendu tout

le jour en plein soleil. Mon énergie diminuait d'heure en heure. Je rêvais d'une tranche de thon ou de poulet en boîte. Pourtant, rien n'aurait pu me détourner de ma mission ! Enfin, alors que je glissais dans un sommeil peut-être éternel, un lynx a surgi de la prairie.

— La prairie ? Quelle prairie ? répéta Rose, interloquée.

Serge haussa les épaules.

— Il est sorti d'un buisson, si tu veux tout savoir.

— Serge, est-ce qu'il a accepté de transmettre le message ?

— Il a fini par accepter.

— Et c'est la fin de ton histoire ?

Serge tourna plusieurs fois en rond sur la couette au milieu du lit avant de se coucher.

— Sans compter que je suis revenu. C'était plus facile, bien entendu, vu que je connaissais le chemin.

— Merci. Au moins, mes parents sauront où je suis.

Serge ne répondit pas, il s'était déjà assoupi.

Rose se glissa sous la couette et essaya d'ignorer le bruit de moteur que Serge faisait dans son sommeil.

Où étaient les siens à cette heure ? Sans doute pleuraient-ils à chaudes larmes au poste de police. Mais, irrésistiblement, ses pensées revinrent à la Tartelette lunaire. Sans vouloir se vanter, c'était tout de même un exploit. Elle avait réussi à transformer la crème de guimauve en une gourmandise d'une finesse de goût si envoûtante qu'elle-même ne parvenait pas à l'oublier. C'était de la sorcellerie culinaire, que sa mère en personne aurait admirée.

De la magie ! Soudain, elle se rappela la manière dont le

cri de douleur de Marge avait ramolli le fromage de lune. Quel rapport y avait-il entre ces deux phénomènes ? Elle avait beau se creuser la tête, elle ne voyait pas.

Serge se réveilla d'humeur grincheuse.

— S'il te plaît, arrête de pleurnicher. Tu m'empêches de dormir.

— Je ne pleure pas ! rétorqua Rose.

— Alors qui pleure ? s'étonna Serge. Des cris de détresse résonnent à mes oreilles sensibles.

Rose se leva pour jeter un coup d'œil dans la cuisine baignée de pénombre. Marge était assise à une table de préparation, le visage et les mains maculés de chocolat fondu.

— Il n'y en a plus ! gémit-elle. Qu'est-ce que je vais faire ? Je les ai toutes mangées ! Il n'en reste plus une seule !

5

Un remède abricoté

— Ça va, Marge ? demanda Rose en descendant l'escalier en colimaçon sur la pointe des pieds.

— Des Tartelettes lunaires ! pleurnicha la sous-chef pâtissière. Il me faut d'autres Tartelettes lunaires !

— Vous ne voulez pas allumer ?... J'ai peur de trébucher. On s'occupera des Tartelettes après.

Sans cesser de renifler, Marge se leva de son tabouret et se dirigea à tâtons vers le mur. Le plafonnier au-dessus de la table s'éclaira, mais le reste du laboratoire demeura plongé dans le noir. Les doigts de Marge étaient enduits de chocolat piqué de miettes. Tout ce qu'elle avait touché, l'interrupteur, sa bouche, son tablier, ses cheveux, ses joues, en était recouvert.

Rose s'assit à la table en inox et tapota les épaules rondes de Marge.

— Marge. Qu'est-il donc arrivé à la douzaine de Tartelettes lunaires qu'on a rangées avant d'aller se coucher ?

— Il n'y en a plus, l'informa Marge en claquant des lèvres. Elles ont toutes disparu dans mon ventre. Je les ai mangées. Jusqu'à la dernière. Ça ne m'a pris que trois minutes.

Marge pianotait sur la table de ses doigts collants.

— J'ai voulu en cuire une nouvelle fournée, mais avec moi, le fromage de lune a refusé de fondre ! Vous êtes vraiment un génie de la pâtisserie, et je serais à votre service pour l'éternité si vous vouliez bien me préparer quelques dizaines de Tartelettes lunaires supplémentaires.

Rose tourna la tête vers le fromage de lune qui reposait dans son récipient carré et constata qu'il était devenu aussi dur que la pierre. Rose n'était pas convaincue de pouvoir le ramollir une deuxième fois.

— J'avais peur que ça arrive un jour, pleurnicha Marge, ses immenses yeux embués de larmes.

Rose fronça les sourcils.

— Peur de *quoi* ?

— Que M. Beurre trouve un moyen de perfectionner les pâtisseries de la Corporation au point qu'elles… rendraient esclaves ceux qui en mangeraient ! Nos produits ont toujours contenu un ingrédient secret qui pousse les consommateurs à en reprendre, dit-elle en se frottant le ventre, mais maintenant… Eh bien ! Personne ne sera capable de manger quoi que ce soit d'autre ! Une seule bouchée, et les gens seront accros. L'Amérique du Nord est dans de sales draps, croyez-moi.

Rose posa la main sur le poignet dodu de Marge.

— Attendez, M. Beurre ambitionne de créer des gâteaux auxquels on est *incapable* de résister ?

Marge jeta des regards inquiets autour d'elle.

— La seule chose qui calmera votre faim, ce sera…

— … une autre Tartelette lunaire, termina Rose.

— Oui ! Mais j'en ai trop dit ! chuchota Marge. On n'a pas le droit de parler de ça.

— Si je vous fais d'autres Tartelettes lunaires, vous m'en direz plus ?

Marge se pencha vers Rose et débita d'un trait :

— Une fois la recette modifiée, les Tartelettes lunaires seront produites à la chaîne et exportées dans tous les États-Unis. Nos Tartelettes vont inonder l'Amérique ! Vous imaginez !

Mage tourna un visage hagard vers les étagères vides.

Rose claqua dans ses doigts.

— Marge, restez avec moi !

Marge hoqueta, puis continua :

— Les gens ne pourront plus s'arrêter d'en manger. Ils seront *obligés* d'acheter des produits de la Corporation des Véritables Petits Gâteaux, à commencer par ces divines Tartelettes lunaires. Grâce à votre talent, la Corporation a perfectionné une nouvelle forme d'esclavage.

— Mais je n'ai rien fait de tel ! protesta Rose. Je n'ai fait que rajuster les proportions dans une crème à la guimauve !

— D'accord, mais dans une crème à la guimauve *de destruction massive* !

Elle considéra le récipient presque vide de fromage de lune et lâcha un rot de gourmandise.

— Il faudrait préchauffer le four, non, si vous en refaites une fournée ?

— Bien sûr, soupira Rose.

Si elle ne préparait pas de nouvelles tartelettes, M. Beurre ne lui permettrait jamais de quitter l'usine.

— Et pour quelle raison la chef d'avant voulait-elle aider la Corporation ?

Autrement dit : quel profit Lily escomptait-elle en tirer ?

— La chef… Que ses biscuits soient toujours délicieux ! Que ses pâtes à tarte soient à jamais les plus splendides ! La chef travaillait pour M. Beurre, et M. Beurre travaille pour…

Marge se tut.

— Je ne peux en dire plus ! gémit-elle avant de se fourrer une pleine poignée de farine dans la bouche.

Marge courut se percher sur un tabouret et garda un silence têtu.

— Marge ! dit Rose d'un ton sévère. Si vous voulez goûter à une de mes Tartelettes lunaires, vous avez intérêt à parler !

Marge cracha la farine dans l'évier et tourna vers Rose un visage poudré de blanc.

— M. Beurre travaille pour la Société Internationale des Rouleaux à Pâtisserie !

Rose avait déjà entendu ce nom quelque part. Mais où ?

— La Société de quoi ?

Marge lança des regards inquiets autour d'elle pour s'assurer que personne n'écoutait.

— La Société Internationale des Rouleaux à Pâtisserie, répéta-t-elle. L'ordre maléfique des pâtissiers qui gouvernent le monde à travers ce que nous mangeons. L'obésité ? C'est leur faute. Le diabète ? Un de leurs méfaits. Les caries ? Elles n'existaient pas avant eux. À cause d'eux, des enfants laissent tomber l'école, des gens perdent leur emploi et des pays entrent en guerre.

Marge fit un clin d'œil à Rose avant d'ajouter :

— Vous ne devriez pas être en train de préparer la crème à la guimauve ?

— Dans un instant. Quel est le rapport entre ces types aux Rouleaux et la Corporation ?

— MM. Beurre et Kerr travaillent pour la Société, et ils utilisent la Corporation pour créer une nation de zombies mordus de Fondants.

Rose pensait que nulle personne au monde n'était plus vile que son égoïste tante Lily, la pire des magiciennes-pâtissières. Elle s'était servie des instructions et des formules magiques du *Livre de recettes des Bliss* pour inspirer aux gens une admiration sans bornes, pour s'enrichir et pour devenir célèbre. Mais ce que M. Beurre et la Corporation des Véritables Petits Gâteaux s'apprêtaient à faire était encore pire : leur objectif était d'écraser le pays entier sous la botte de la gourmandise.

Elle eut une vision d'horreur : une nation d'obèses aux yeux en forme de Tartelettes lunaires qui se nourriraient exclusivement des Véritables Petits Gâteaux de la Corporation. Il fallait à tout prix faire échouer le projet diabolique de M. Beurre et de sa Société. Et Rose était la seule à pouvoir agir.

Elle serra la main de la sous-chef pâtissière.

— Marge, moi je suis une *magicienne*-pâtissière. Je descends d'une longue lignée de pâtissiers, qui ont voulu améliorer la vie de ceux qui les entouraient grâce à leurs desserts… *spéciaux*. Cette Tartelette lunaire me rappelle beaucoup une des recettes du livre secret de ma famille. Dites-moi, vous êtes sûre que la chef ne s'est pas inspirée de ce livre ?

Marge prit un air coupable et chuchota :

— Elle avait un livre, oui. Pas un livre complet. Plutôt un *livret*. Un tout petit ouvrage en papier ancien à l'écriture illisible. Un soir, je l'ai surprise à travers les vitres de sa chambre en train de le feuilleter avec délicatesse. Elle lisait des recettes à voix haute. J'ai voulu me rapprocher pour voir ce que c'était, mais il faisait noir et j'ai heurté une pile de saladiers en inox. Ça a fait un de ces vacarmes !

— Et qu'est-ce qu'elle a fait, elle ?

— Elle a ouvert et fermé les tiroirs de sa commode, puis elle est descendue et m'a ordonné d'aller me coucher.

Le cœur de Rose fit un bond dans sa poitrine.

— Je reviens tout de suite !

Elle remonta à toute allure l'escalier en colimaçon.

— Qu'est-ce qu'elle a, cette dame couverte de chocolat ? bâilla Serge.

— Elle est accro aux Tartelettes lunaires, lui répondit distraitement Rose. Tout ça parce que j'ai amélioré la recette pour ce M. Beurre, qui mijote de réduire l'Amérique du Nord en esclavage pour le compte de la Société Internationale des Rouleaux à Pâtisserie. Inutile de te dire que c'est une société maléfique.

Pendant qu'elle livrait au félin ces explications, elle ouvrit les tiroirs de la commode et les fouilla de fond en comble. Rien ! Pas l'ombre d'un livre, petit ou gros.

— Je crois qu'ils utilisent de la magie, mais je ne sais pas quel genre. À part ça, Marge va *très bien*.

— Des rouleaux à pâtisserie…, maugréa Serge en

se léchant la patte gauche qu'il avait passée derrière son oreille. Balthazar en parlait dans son sommeil autrefois. « Méfiez-vous des rouleaux à pâtisserie ! » qu'il disait. Mais je pensais qu'il faisait un cauchemar, à force de rester dans sa cuisine !

— Apparemment, c'était bien réel…

Rose appuya l'épaule sur l'un des côtés de la commode et réussit à l'écarter du mur.

— J'ai trouvé ! s'écria-t-elle en brandissant une pile de papiers gris poussiéreux noués par un ruban.

Le cœur serré, elle les épousseta. Elle savait très bien ce que c'était, et d'où ça venait.

— C'est quoi ? bâilla Serge.

— *L'Apocryphe d'Albatross*, répondit Rose dans un filet de voix.

C'était bien ce qu'elle pensait. Elle retourna la pile et lut au dos une terrible inscription à l'encre violette :

Ce livre appartient à Lily la Fée,
Novice de la Société Internationale des Rouleaux à
Pâtisserie.

Bien sûr ! Voilà où elle avait entendu parler de cette société : Lily avait laissé la même note à la fin du *Livre de recettes des Bliss*, dans la pochette où était habituellement rangé *L'Apocryphe*. Lorsque la famille avait découvert son message, Lily avait déjà disparu. Balthazar avait mis Rose en garde contre la menace représentée par la Société Internationale des Rouleaux à Pâtisserie, mais Rose, sous le choc, n'avait écouté que d'une oreille.

Sur le moment, ils avaient pensé que Lily avait pris *L'Apocryphe* ce soir-là. Mais il était possible que Lily l'ait volé bien avant, au cas (improbable) où elle perdrait au Gala, en se disant que si elle était obligée de rendre le grimoire, il lui resterait toujours quelques recettes.

Un sourire de satisfaction monta aux lèvres de Rose : alors que Lily était en possession du *Livre*, elle avait quand même redouté d'être vaincue par sa nièce.

Après sa défaite, la honte avait sans doute empêché Lily de retourner à la Corporation. Elle avait laissé son travail en plan, sans se donner la peine de venir récupérer *L'Apocryphe*.

— Tante Lily…, murmura Rose.

Serge plissa les yeux et regarda autour de lui, toutes griffes dehors.

— Où ça ?

— Elle travaillait ici, à la Corporation. Bien avant qu'on nous kidnappe.

Elle s'accroupit à côté de la commode et ouvrit *L'Apocryphe d'Albatross* à la première page. Une recette pour des Cupcakes noircis-au-manque-de-talent. Albatross Bliss avait créé ce dessert afin de gâcher le mariage de son frère sur l'île de Tyree, en Écosse. Les cupcakes était des pâtisseries diaboliques et nécessitaient l'usage de larmes d'œil de Sorcier.

Elle avait déjà utilisé ces larmes : un œil écœurant qui flottait dans un bocal en verre renforcé de fil barbelé.

— Du fil barbelé ! s'écria-t-elle.

— Quoi ? grogna Serge.

Il tira la langue pour se lécher la patte afin de nettoyer son oreille droite maintenant que la gauche était propre.

— Dans notre réserve secrète, à la maison, expliqua Rose. Tous les ingrédients vraiment dangereux sont enfermés dans des bocaux verts renforcés par du fil de fer barbelé !

— Et alors ?

— Le fromage de lune est dans un récipient rouge renforcé de fil barbelé !

— Du vert et du rouge, chantonna Serge. Tu les mets ensemble, et c'est Noël.

Rose feuilleta *L'Apocryphe* avec délicatesse. Les vieilles pages craquaient sous ses doigts. Dans un coin, une illustration attira son attention : un minuscule bonhomme creusait avec une pelle la surface d'une demi-lune. La recette était la suivante :

CRÈME PÂTISSIÈRE ATTRAPE-CLIENTS :
Quand la magie vous garantit la fidélité de vos clients

En l'an 1745, dans la ville de Dragomiresti, en Roumanie, Bogdan Tempestu, un cousin éloigné d'Albatross Bliss, remarqua que sa pâtisserie avait perdu sa clientèle après qu'il eut remplacé la farine par de la sciure, afin d'augmenter ses profits. Il créa donc cette crème pâtissière et l'intégra à toutes ses tartes aux fruits. Après quoi, ses clients devinrent dépendants à vie de ses pâtisseries.

*Sir Tempestu mélangea dans une casserole en cuivre deux poignées de **lait de vache** frais et une poignée de **sucre**. Il ajouta six jaunes d'**œufs de poule** et trois noisettes de **farine**. Une fois la mixture refroidie, il demanda à son loup en cage, Dracul, de **hurler devant un bocal de fromage de lune**. Puis il versa quatre noisettes de **fromage de lune** fondu dans la crème.*

— Ça doit être la recette dont Lily s'est inspirée, dit Rose. Au lieu d'incorporer le fromage de lune à de la crème pâtissière, elle l'a mélangé à de la crème à la guimauve. Mais elle s'est trompée dans les proportions.

Le fromage de lune ne sortait donc pas d'une usine, en fin de compte. C'était un ingrédient magique de la famille Bliss. Toutefois, il ne s'agissait pas d'un ingrédient aussi doux que le premier vent d'automne, que l'on pouvait conserver dans un bocal bleu. Le fromage de lune exigeait d'être stocké dans un récipient renforcé, adapté à une substance ne pouvant être activée que par le hurlement d'un loup…

… Ou par le hurlement d'une pâtissière à l'orteil écrabouillé.

Dans la marge figurait une annotation. Elle reconnut tout de suite l'écriture de Lily : *Pas pu intégrer quatre noisettes de fromage de lune à ma crème à la guimauve. Texture affreuse. Sans loup hurlant, utilisé à la place le micro-ondes. Fromage grumeleux et rance. Berk !*

Rose ne put retenir un sourire. Elle avait réussi là où Lily avait échoué. Elle avait réduit la quantité de fromage de lune et avait eu de la chance que Marge pousse un cri pile à ce moment-là.

Rose reprit sa lecture de la recette :

Les habitants de Dragomiresti, devenus dépendants des pâtisseries de sir Tempestu, en redemandèrent tant et si bien qu'il se trouva vite dans l'incapacité de répondre à la demande. Ils prirent d'assaut son échoppe et, de fureur, le griffèrent jusqu'à ce que mort s'ensuive. Puis ils mirent le feu à la pâtisserie. Seul survécut le loup Dracul.

Alors que Rose lisait ces lignes, la tête de Marge surgit de l'escalier en colimaçon – elle avait enfreint le règlement qui le réservait à la chef. Elle transpirait à grosses gouttes et se grattait les bras avec frénésie.

— Je veux des Tartelettes lunaires ! TAAAAARTEE-EELEEEEEETTTES LUUUUUUUUUUUNAAAA-AIIRES ! Si on ne me donne pas immédiatement une de ces délicieuses pâtisseries pleines de guimauve, je vais arracher les YEUEUEUX de quelqu'un !

Serge se figea de terreur.

« Merci pour ton aide », pensa Rose qui adressa un gentil sourire à Marge :

— D'accord. Allez donc préparer le biscuit en suivant la recette, et la ganache au chocolat aussi. Je descends de ce pas préparer la crème à la guimauve.

Marge ne se le fit pas dire deux fois : sa tête disparut aussi brusquement qu'elle avait surgi. Au bruit qu'elle fit, on aurait cru qu'une armée de pâtissières descendait l'escalier.

Serge sauta sur la commode.

— Elle est partie ? Mon Dieu ! Mais quelle barge cette Marge ! Tout ça pour une Tartelette lunaire !

— Si la Corporation parvient à commercialiser ces gâteaux, le pays *tout entier* sera comme elle, fit observer Rose. Ce sera une catastrophe.

— Il vaudrait mieux que tu commences par t'occuper de cette dame-là, dit Serge en désignant de la patte la paroi vitrée.

Marge s'agitait en bas dans le laboratoire. Elle secouait dans tous les sens des ingrédients qui tombaient dans des saladiers qu'elle alignait à toute allure sur une table de préparation.

— Mais comment ?

— Si je me souviens bien, j'ai entendu maintes fois Balthazar marmonner qu'il existait toujours un antidote. Regarde au verso.

Rose retourna la feuille. En effet, une autre recette y figurait, en tout petits caractères :

LA CONFITURE D'ABRICOTS
DE DRAGOMIRESTI :
Pour contrecarrer les effets
de la CRÈME PÂTISSIÈRE ATTRAPE-CLIENTS

Le bon pâtissier Nicolaï Bliss concocta une confiture à l'abricot qu'il intégra aux tartes aux fruits de Bogdan Tempestu, après que les habitants de Dragomiresti eurent assassiné celui-ci et mis le feu à sa pâtisserie et à d'autres parties de la ville. La confiture eut un effet miraculeux. Les clients, au lieu de désirer les gourmandises de Tempestu, se mirent à vouloir manger des abricots. Après avoir reconstruit sa cité bien-aimée, la population de Dragomiresti devint le premier exportateur d'abricots de toute la Roumanie.

Sir Bliss versa dans une casserole en cuivre deux poignées d'**abricots frais** et une poignée de **sucre**. Puis il ajouta UNE **histoire d'un homme qui avait vécu un amour passionné**, RACONTÉE PAR L'AMOUREUX, mélangea le tout et laissa refroidir la mixture.

— C'est inutile, marmonna Rose. Qui a connu un amour passionné ? Sûrement pas moi !

La scène la plus torride qui ait jamais eu lieu entre elle et Devin Stetson, c'était quand il avait frôlé sa main par mégarde en lui rendant sa monnaie à la boutique Stetson – Beignets et Réparations automobiles.

— Moi ! s'écria Serge en se léchant les babines. Prends donc un bocal.

Rose et Serge travaillèrent toute la nuit aux doux ronflements qui s'échappaient du quartier des pâtissiers. À un moment donné, Rose entendit son estomac gargouiller. On aurait dit qu'il hurlait : « Donne-moi à manger ! » Elle avisa le paquet de cookies qu'on lui avait proposé le premier soir : des croustillants de Mimie Brossard. Elle en sortit un, mordit dedans… et fut agréablement surprise. Ç'aurait été meilleur avec du lait, mais ce cookie était plus savoureux que tout ce qui sortait de l'usine de la Corporation. Elle en engloutit deux pour calmer sa faim.

Dans un placard du laboratoire, elle trouva un bocal rouge vide. Elle en tartina l'intérieur avec une fine couche de beurre d'amande et l'apporta à Serge, lequel s'empressa de raconter, la truffe plongée dedans, son premier amour.

— Son nom était Isabella, commença-t-il, une Italienne, de race manx, avec une splendide fourrure tachetée. Cette féline fatale tournait la tête à bien des matous, mais elle ne laissait que des marques de griffes dans leur cœur. Je l'aperçus un après-midi, se dorant au soleil, étendue sur les briques d'une église romaine, et je tombai fou amoureux d'elle. J'étais déterminé à la séduire, fût-ce au prix de ma vie.

Serge marqua une pause pour ménager ses effets, se gratta le cou et reprit :

— D'ailleurs, je l'ai échappé belle !

Serge raconta sa traversée de l'Atlantique en paquebot, révéla l'existence d'un riche chat siamois, une grosse brute à laquelle Isabella était fiancée, et décrivit les regards furtifs échangés entre les deux amoureux – Isabella et lui – sur le pont du navire. Lorsqu'il eut terminé, Rose n'en croyait pas ses oreilles.

— Ben dis donc, Serge ! Et qu'est-il arrivé à cette Isabella ?

— Oh, on a habité ensemble quelque temps. Mais ça n'était pas fait pour être un amour éternel. Une manx et un scottish fold, ça ne s'entend jamais bien. On était tous les deux bien trop têtus et orgueilleux. Cela dit, c'était fantastique tant que ça a duré. Notre amour était comme un four à pizza : crachant des flammes en plein jour, mais glacé et laissé à l'abandon la nuit. Mon amour pour Isabella, c'est ce qui a fait de moi le scottish fold au cœur brisé que tu as devant toi.

Rose vissa fermement le couvercle du bocal. Elle le coinça sous son bras et se précipita vers la table de préparation où reposait le bol de confiture d'abricots. Rose ouvrit avec précaution le bocal rouge et infusa à la masse orange l'essence de l'amour passionné de Serge pour Isabella.

Elle attendit.

— Oh ! Oh ! s'écria Marge qui courait dans tous les sens pour préparer le biscuit, ses grosses joues ballottant au rythme de ses mouvements.

— Qu'est-ce qui ne va pas ? lui demanda Rose.

Elle jeta un œil à Marge qui repoussait des mèches de cheveux de son front.

— Rien ! s'exclama la sous-chef. Je suis si excitée ! Pâtisser, ça me bourre d'énergie ! Je me sens comme… comme une petite fille qui s'apprête à ouvrir ses cadeaux le jour de Noël. Je rêve d'une nouvelle Barbie. Et je *sais* qu'il y en a une dans un des paquets. Seulement, j'ignore lequel…

Marge s'arrêta au milieu de la cuisine. Elle tenait dans ses mains trois œufs et du sucre. Sa lèvre inférieure se mit à trembler.

— Mais pour moi, il n'y a jamais eu de Barbie. Non, Rose. Jamais.

— Euh… Je suis désolée, Marge.

Rose baissa la tête vers son bol de confiture d'abricots et crut que ses yeux allaient lui sortir de la tête.

La confiture n'avait plus sa texture grumeleuse et terne. L'amour passionné de Serge l'avait transformée en une pâte rouge et onctueuse qui se mit bientôt à bouillir. De grosses bulles sifflèrent à la surface et menacèrent de déborder.

Pouf !

La confiture n'avait pas l'air très contente. Les morceaux de fruits se mirent à tourner en rond à toute vitesse. On aurait cru des mini-tornades. En quelques secondes, le tout prit la forme d'un énorme cœur rouge. Rose se tourna un instant vers Marge, qui était en train d'enfourner ses biscuits.

Bientôt, le cœur rouge vira à l'orange, puis au jaune, telle une flamme gigantesque. Enfin, tout aussi rapidement qu'elle était entrée en éruption, la confiture se calma et retomba dans le saladier en inox avec un gros ploc.

— Waouh !

Rose leva les yeux vers Serge, qui se contenta de sourire en ronronnant.

Lorsqu'elle estima qu'elle ne risquait plus rien, Rose attrapa le saladier avec une manique et le mit à refroidir au frigo. « Cette Isabella devait être quelque chose ! »

— Cette crème à la guimauve est franchement très orange ! commenta Marge d'un ton accusateur.

Les fenêtres de la cuisine, encore noires il y a quelques minutes, étaient maintenant gris foncé : la longue nuit touchait à sa fin.

— Vous voulez ces Tartelettes lunaires, ou pas ? s'exclama Rose, exaspérée. Parce que si vous n'en voulez pas, je peux jeter cette crème et...

— Nooooon !!!! hurla Marge. Je vous en prie, n'arrêtez rien, ô Grande Chef Rose !

Enfin, alors que les premiers rayons du soleil inondaient les fenêtres du laboratoire, Rose fourra le biscuit avec la confiture d'abricots de Dragomiresti, glaça le gâteau avec le chocolat et tendit à Marge, sur une assiette blanche, son antidote déguisé en Tartelette lunaire.

Le gâteau était identique à la Tartelette lunaire à la guimauve que Rose avait confectionnée la veille. Pourtant Marge, les narines frémissantes, la renifla avec suspicion.

— Ça ne *sent* pas la Tartelette lunaire ! Je veux une VRAIE Tartelette lunaire !

— C'est la même chose, Marge. GOÛTEZ, VOUS VERREZ !

— Pas question ! dit Marge en croisant les bras.

— Si ! s'emporta Rose.

Marge serra les lèvres et secoua la tête. Rose n'avait pas le choix : elle lui écrasa le pied.

— Ouille ouille ouille !!!! hurla Marge.

D'un geste ultra-rapide, Rose fourra la Tartelette antidote dans la bouche grande ouverte de Marge.

Incapable de résister à son envie de Tartelette lunaire, Marge mâcha et avala. Elle essuya sa moustache en chocolat et lâcha un rot si énorme que son souffle balaya en arrière les cheveux de Rose et fit trembler les vitres. Les yeux de Marge s'illuminèrent d'une lueur orange et, d'un seul coup, elle recouvra ses esprits.

— Mon Dieu ! s'exclama-t-elle. Que m'est-il arrivé ? J'étais complètement folle de Tartelettes lunaires ! Elles ne sont même pas si bonnes que ça !

Elle passa la langue sur ses dents et rota encore. Cette fois, son rot ressemblait à un petit hoquet.

— Mais si je peux, j'aimerais bien des abricots, ajouta-t-elle.

— Bienvenue dans la réalité, dit Rose avec un sourire.

Son dur labeur et l'histoire d'amour de Serge avaient porté leurs fruits.

— Je vous ai préparé un antidote aux Tartelettes lunaires, expliqua-t-elle à Marge. Vous allez sans doute avoir des envies d'abricots pendant quelque temps, mais à part ça, vous êtes guérie.

Marge prit Rose dans ses bras saupoudrés de farine. Rose avait du mal à respirer, mais cela lui fit tout de même du bien. Cela lui rappelait la tendresse de sa mère. Sa famille lui manqua soudain terriblement.

— Vous… vous m'avez *sauvée* ! hoqueta Marge.

Puis, comme prise de panique, elle lâcha brutalement Rose.

— Attendez ! s'écria-t-elle. S'ils apprennent que vous avez modifié la recette, ils ne vous permettront jamais de rentrer chez vous !

« Oh non ! Nous voilà dans de beaux draps ! »

Après avoir médité une minute, Rose eut une idée.

— On ne leur dira rien pour l'antidote. Tout ce qu'ils doivent savoir, c'est qu'il ne reste plus une seule Tartelette lunaire parce que vous les avez toutes dévorées. Vous êtes la preuve vivante du succès de la recette. M. Beurre devra s'en satisfaire.

— Mais je n'ai plus envie de Tartelettes ! gémit Marge

en faisant la grimace. J'en ai mangé une douzaine. J'ai mal au cœur.

— Ils ne peuvent pas savoir que vous êtes guérie, l'encouragea Rose. Faites la folle.

— Vous voulez que je mente à M. Beurre ? Que je fasse semblant d'être accro aux Tartelettes ? Moi qui n'ai jamais menti de ma vie !

Elle posa les mains sur ses larges hanches et souffla sur une mèche de cheveux qui lui tombait dans les yeux.

— Pas même une fois ? interrogea Rose.

Marge réfléchit un instant.

— Oh ! admit-elle. Je viens juste de mentir à propos de mentir ! Oui, j'ai menti. Une fois. Quand j'étais jeune. À ma mère. Elle m'avait tressé les cheveux pour une soirée dansante de l'école. Elle m'a demandé si ça me plaisait, et j'ai dit que oui. Mais c'était pas vrai. Je détestais ces nattes ! Je ne suis qu'une sale menteuse.

Elle prit une profonde inspiration.

— Non, c'est faux, affirma Rose en posant une main réconfortante sur son épaule. Ça s'appelle un mensonge diplomatique, et ce n'est pas une mauvaise action.

— Vraiment ? s'étonna Marge en clignant des yeux.

— Pas si ça peut aider quelqu'un d'autre, lui assura Rose. Et si vous dites à M. Beurre que vous faites une fixette sur les Tartelettes lunaires, il pensera que j'ai obéi à ses ordres. Il ne restera alors que quatre recettes et je pourrai rentrer chez moi retrouver ma famille.

Marge hocha la tête.

— J'accepte le défi, déclara-t-elle en prenant un drôle d'accent britannique. Ce sera mon personnage et je le jouerai en actrice consommée. Ce sera le grand rôle de ma carrière !

— Si vous le dites, soupira Rose.

Elle se découpa un morceau de la Tartelette antidote et l'avala.

On n'était jamais assez prudente…

Serge descendit l'escalier en colimaçon, trottina dans le laboratoire et sauta d'un bond sur la table de préparation.

— Je suis venu vous avertir : ils arrivent ! Je les ai vus par la fenêtre.

Marge regarda Serge d'un air éberlué.

— Est-ce qu'un des effets secondaires de la Tartelette lunaire antidote est de me faire halluciner des chats qui parlent ? Cela dit, ça ne me dérange pas. J'ai toujours voulu avoir un chat doué de parole, toutefois j'aurais bien aimé être prévenue.

Rose lança un regard noir à Serge. « Non mais qu'est-ce qui t'a pris de parler devant elle ? »

Bon, il ne lui restait plus qu'à avouer la vérité à Marge.

— C'est un chat qui parle, confirma-t-elle. Mais ne le dites à personne, même pas aux autres pâtissiers.

Marge prit Serge dans ses bras comme s'il s'agissait d'une peluche et enfouit son visage dans sa fourrure en émettant le genre de bruits de bouche que les adultes font parfois avec les bébés.

— Comment est-ce possible, petit minou ?

— Je suis un très *vieux* chat. J'ai mangé des biscuits magiques quand j'étais petit, expliqua Serge. Reposez-moi, s'il vous plaît.

Marge le replaça sur la table et lui grattouilla le menton.

— Tu es un vilain minou.

Soudain, des spots rouges s'allumèrent aux quatre coins de la pièce et une sirène leur vrilla les tympans. C'était le réveil le plus bruyant du monde.

Marge se pétrifia.

— Ils sont là.

6

Vidéos lunaires

Au moment où la voiturette de golf de MM. Beurre et Kerr fit son entrée dans le laboratoire, les cinq pâtissiers surgirent au pas cadencé par la porte du fond.

Rose leva les yeux vers l'horloge murale. Sept heures du matin. Marge et elle avaient passé la nuit aux fourneaux. Son troisième jour à la Corporation avait officiellement commencé.

— C'est mieux qu'il ne te voie pas, souffla Rose au chat.

Serge se faufila derrière l'un des grands fours.

M. Beurre se leva du siège du véhicule avant de procéder à l'inspection des tables de préparation.

— Aujourd'hui est un nouveau jour ! Comment va notre première recette, nos Tartelettes lunaires ?

Rose réprima un bâillement.

— Elles sont… euh… parfaites. On a amélioré la recette. Ce sont les meilleures Tartelettes lunaires que le monde ait jamais connues !

M. Beurre désigna les tables de préparation vides.

— C'est étrange, mademoiselle Bliss, mais je ne *vois* aucune Tartelette lunaire. Où sont-elles ?

— Il n'en reste aucune, répondit Rose.

C'était la vérité.

— Je ne comprends pas, dit M. Beurre en grattant son crâne chauve en forme de bulbe. Je croyais que vous vouliez rentrer auprès de votre famille aussi vite que vos petits pieds pouvaient vous y porter. Nous étions bien d'accord, pourtant. Vous ne pourrez pas partir tant que vous n'aurez pas perfectionné la recette de ces Tartelettes. Alors où sont-elles ?

Soudain, Marge jaillit de derrière le groupe de pâtissiers au garde-à-vous, les bras grands ouverts. Les joues maculées de chocolat et les lèvres marron, elle cligna ses paupières épaissies par une couche de cacao. Elle avait de la ganache chocolatée plein les dents, et il en restait sur sa langue. Son tablier blanc était parsemé de miettes de biscuits et le bout de ses doigts était gainé d'une couche de crème de guimauve durcie.

On aurait dit l'entrée en scène d'une tragédienne drapée dans un costume de scène.

— Il n'y a plus de Tartelettes lunaires ! tonna-t-elle d'une voix lyrique accentuée d'un vibrato. Elles ont disparu, parce que je les ai toutes dévorées !

Elle frappa dans ses mains et se balança sur place comme si elle s'apprêtait à déclamer du Shakespeare.

— Rien d'aussi délicieux n'a jamais velouté mon gosier ! Je ne peux plus m'arrêter d'en manger ! Miam miam miaaaaaammmm !

Marge criait à présent d'une voix de fausset.

— Si je ne peux pas en avoir une autre tout de suite, je vais mourir ! Virez-moi si ça vous chante, mais je ne regrette rien !

Rose leva un regard inquiet. L'expression de M. Beurre était indéchiffrable, pour la bonne raison qu'il avait de toute façon une tête très bizarre. La question était : s'était-il laissé prendre à la supercherie ?

M. Beurre tourna vers M. Kerr un regard dépité qui, l'instant d'après, céda la place à un sourire énorme et pas naturel pour un sou.

— Impressionnant, opina-t-il d'un ton calme. Vraiment remarquable. Ne vous avais-je pas dit qu'elle pouvait y arriver, monsieur Kerr ?

— En fait, répondit M. Kerr, si je me souviens bien, c'est *moi* qui vous l'ai dit. *C'est la pâtissière qui compte, pas la recette.*

M. Beurre se racla la gorge et plissa ses yeux brillants derrière ses lunettes.

— Mademoiselle Bliss, nous sommes fiers de vous. Nous allons lancer la production des Tartelettes lunaires immédiatement. Puis-je avoir la recette ?

Rose se raidit. La fiche où étaient inscrites les instructions était toujours sur la porte du frigo. Si M. Beurre mettait la main dessus, il fabriquerait les dangereuses Tartelettes lunaires qui avaient mis la ville de Dragomiresti à feu et à sang.

— Oh, la voici ! s'écria-t-il en se précipitant vers le frigo. Intéressant, commenta-t-il à la lecture des notes de Rose.

Rose se tourna vers le bocal de fromage de lune. « Il est presque vide ! se réjouit-elle en son for intérieur. Ils ne pourront pas en refaire s'ils n'en ont plus ! »

— Je suis vraiment *désolée*, monsieur Beurre, déclara-t-elle. J'ai utilisé tout ce qui restait de fromage de lune pour confectionner ces Tartelettes lunaires. On est en rupture de stock. J'ai peur que vous ne deviez retarder la mise en production.

Un petit rire sournois s'échappa par les lèvres inexistantes de M. Beurre.

— Rose, ma chère, expliqua-t-il, ici, à la Corporation des Véritables Petits Gâteaux, nous ne sommes jamais à court d'ingrédients. Croyez-vous que je vais permettre à un récipient vide de fromage de lune d'empêcher mes compatriotes de goûter à vos délicieuses Tartelettes lunaires ? Sûrement pas ! Suivez-moi.

Rose était paralysée. Elle avait travaillé si dur pour créer un antidote, et elle venait de laisser la recette tomber entre les mains de cet homme diabolique.

— Venez donc.

Il s'avança vers la voiturette de golf et, de son doigt pointu, lui fit signe de s'approcher.

Au moment où Rose basculait son sac à dos contre sa poitrine, elle vit une tête grise y disparaître. Elle monta dans le véhicule.

— Au fait, Marge ? dit M. Beurre à la sous-chef pâtissière en costume chocolaté. Ma chère, allez vous débarbouiller et astiquez-moi donc ce laboratoire. Vous savez combien j'ai horreur de la pagaille.

M. Kerr, M. Beurre et Rose slalomèrent entre les entrepôts. Sur ce décor sinistre, le soleil levant jetait des rayons dorés. Rose sentit une lueur d'espoir naître au cœur de son malheur. C'était une matinée splendide et M. Beurre n'avait pas *encore* lancé la production des Tartelettes.

Au début, ils longèrent des bâtiments gris identiques

à celui qui abritait le laboratoire. Peu à peu, cependant, l'architecture se modifia. Rose aperçut un immeuble de bureaux. Par les fenêtres, elle vit des hommes qui écrivaient sur des tableaux. La porte d'entrée avait la forme de la vache emblématique de la Corporation.

— Ce sont nos graphistes, expliqua M. Beurre. Ce ne sont pas eux qui ont inventé la vache, bien sûr. On en a engagé de nouveaux. On est en train de développer des idées-choc pour les emballages, quelque chose de plus… moderne.

Ils passèrent devant un deuxième immeuble de bureaux à la façade tapissée d'affiches avec les slogans de la Corporation : CROQUEZ LA VIE À BELLES DENTS AVEC UN FONDANT MORDANT ! et UN HA-HA POUR RIRE DU MATIN AU SOIR !

— Avec un marketing efficace, reprit M. Beurre, on peut convaincre les gens de n'importe quoi. Même de manger des Fondants mordants alors qu'ils n'en ont aucune envie. C'est… *magique* ! Mais c'est de la magie qui rapporte !

Rose serra les dents et garda le silence. Elle avait eu tort de les aider avec la recette des Tartelettes lunaires. Évidemment, M. Beurre ne lui avait pas vraiment laissé le choix. Elle aurait voulu que sa mère soit là. Céleste Bliss aurait su quoi faire.

À la réflexion, Rose était contente que sa mère ne soit pas là pour voir ça. Elle n'aurait pas supporté de la décevoir à ce point.

— Ah, nous y voilà ! s'écria M. Beurre tandis que la voiturette arrivait devant un bâtiment en forme de pièce montée. Voici le garde-manger de la Corporation.

Les étages ronds aux vitres teintées s'empilaient, chacun

plus petit que le précédent. Sur le toit du dernier étage trônait une immense statue de vache souriante. M. Kerr fit franchir à leur petit véhicule la porte à tambour et ils débouchèrent dans le hall.

Rose eut la sensation de faire un bond dans le futur. Ou plutôt, dans le futur cauchemardesque de quelqu'un d'autre. Cet endroit n'avait rien à voir avec le garde-manger de la pâtisserie Bliss. Des hommes en blouse blanche se tenaient debout devant un tableau de commande et un mur immense où étaient alignés des centaines de bocaux en verre rouge. Le mur devait s'élever au moins sur cinq étages. Une échelle sur roulettes montait jusqu'en haut. Sûrement pour permettre d'attraper les bocaux sur les dernières étagères, pensa Rose.

— C'est ce que nous appelons l'atelier, dit M. Beurre avec fierté. C'est là que nous gardons tous nos ingrédients.

— C'est plutôt un entrepôt, alors ? rétorqua Rose. On conserve des choses dans un entrepôt. Un atelier, c'est un lieu de création.

M. Beurre esquissa un geste évasif.

— C'est du pareil au même. On y fait aussi des expériences. Par exemple, afin d'améliorer les recettes. En plus, « atelier », ça sonne bien mieux qu'« entrepôt ». Vous ne trouvez pas ?

Rose n'avait rien à redire à ça. Plutôt que de donner la réplique à M. Beurre, elle se tourna à nouveau vers la muraille de bocaux. Il y en avait bien trop pour les compter. Il devait y en avoir au moins mille. Le verre était presque opaque, mais à l'intérieur de leurs cages rouges, les ingrédients tressautaient, brillaient, grognaient, hurlaient.

— Je suis certain que vous avez maintenant compris, ma chère Rose, que notre usine est loin d'être un établissement comme les autres, déclara M. Beurre. Vous pensiez sans doute que seule la pâtisserie Bliss disposait de bocaux magiques. Eh bien, non ! Tout comme vous, nous utilisons des ingrédients très *spéciaux*.

Lily avait décidément dévoilé la totalité des secrets de la famille ! Rose s'en doutait déjà, mais c'était tout de même humiliant de devoir l'entendre de la bouche de M. Beurre.

— Eh oui, nous aussi utilisons la magie, dit celui-ci en frottant le bulbe chauve qui lui servait de crâne. Mais contrairement aux Bliss, nous en optimisons les effets grâce à la puissance de la technologie.

M. Beurre se tourna vers le tableau de commande géant et attrapa un mégaphone.

— Monsieur Méchanico ! Nous avons besoin de fromage de lune. Assez pour produire dix millions de Tartelettes lunaires !

À ces mots, un robot mauve dont la forme évoquait une pieuvre se matérialisa dans les airs et s'arrêta juste au-dessus de la tête de Rose. Ses bras mécaniques cliquetaient et se contorsionnaient au rythme de ses mouvements.

— À votre *sssservice*, siffla-t-il à travers les mailles d'une grille métallique.

— Voici la recette, dit M. Beurre en lui tendant la fiche avec les notes de Rose.

L'un des bras articulés de M. Méchanico se déplia à la façon d'un télescope, avant de s'abaisser jusqu'à M. Beurre. Rose entendit un étrange bruit de succion, et la fiche se retrouva collée à une des centaines de petites ventouses cachées sous le bras qui se replia sous le ventre du robot. Il sembla avaler le morceau de carton.

— Bien reçu, articula M. Méchanico.

Rose sursauta : elle ne s'était pas attendue à une voix presque humaine.

— Mais où est-ce qu'ils vont trouver tout ce fromage de lune ? s'enquit-elle. À propos, c'est *quoi*, du fromage de lune ? Je sais que c'est un ingrédient magique, mais il vient d'*où* ?

M. Beurre donna une bonne claque sur l'épaule musclée de M. Kerr et éclata de rire.

— « C'est quoi, du fromage de lune ? » demande-t-elle ! Elle n'en a jamais entendu parler ! Ah, ces pauvres pâtissiers des champs… Monsieur Kerr, nous feriez-vous l'honneur d'expliquer ?

M. Kerr posa son gros genou à terre pour se mettre au niveau de Rose. Sa tête était aussi massive que le reste de son corps.

— La Lune, commença-t-il d'une voix grave, est un *fromage*.

Rose retint un fou rire.

— Monsieur Kerr, sans vouloir vous manquer de respect, je crois bien que la Lune est une planète faite de roches.

— Eh bien non ! C'est un *fromage*, chantonna M. Kerr. Un fromage vert, pour être plus précis.

Serge, dont la tête avait émergé du sac, lissa ses moustaches du bout des pattes. « Lui non plus n'en croit pas un mot », se dit Rose.

— Ce n'est pas à proprement parler un fromage, rectifia M. Beurre. Enfin, elle n'est pas faite de lait de vache caillé. Toutefois, c'est une substance qui possède des propriétés magiques remarquables. Les descendants de Filbert et d'Albatross Bliss connaissent depuis longtemps ses vertus surnaturelles, grâce aux morceaux de Lune qui s'écrasent parfois sur la Terre. Mais personne n'avait jamais disposé de la puissance technologique nécessaire pour l'exploiter à aussi grande échelle. Jusqu'à aujourd'hui.

« Monsieur Méchanico, montrez donc la vidéo à Mlle Bliss.

M. Méchanico étira un de ses tentacules cliquetants jusqu'au tableau de commande et tira sur un levier rouge. La muraille de bocaux rouges coulissa de part et d'autre de son centre, dévoilant un écran de cinéma aussi haut que le bâtiment. Le robot appuya sur une série de boutons. Sur l'écran, trois de ses congénères préparaient des croque-monsieur au-dessus d'un feu de camp. De la musique classique passait en arrière-fond.

— Pas celle-là, souffla M. Beurre, exaspéré. L'autre.

Le robot mauve poussa quelques boutons supplémentaires et un autre film apparut. Cette fois, un robot-pieuvre trempait un morceau de pain dans une fondue.

— *L'autre*, Méchanico !

Une troisième vidéo apparut sur l'écran. C'était une vue de la Lune par le hublot d'un vaisseau spatial. À mesure qu'on s'en rapprochait, la surface de l'astre devenait plus visible. À la consternation de Rose, au lieu d'être constituée d'une matière solide, celle-ci ondulait comme une mer de gelée grisâtre.

Le point de vue changea. On voyait maintenant la scène depuis une caméra installée sous le vaisseau. L'engin se rapprocha encore et quelque chose sortit de son ventre : un énorme bras articulé muni d'une cuillère de la taille d'un bus scolaire. Le bras plongea sous la surface et en extirpa une grosse quantité d'épais fromage blanc.

— Vous voyez, Rosemary Bliss, dit M. Beurre, il y a bien assez de fromage de lune pour régaler tout le pays de vos fabuleuses Tartelettes lunaires.

Rose réprima un haut-le-cœur.

— Super. Vraiment génial.

— C'est fantastique, marmonna Serge d'un ton sarcastique.

— Eh oui, dit M. Kerr sans s'apercevoir que c'était le chat, et non Rose, qui venait de parler. C'*est* fantastique.

— Et encore, précisa M. Beurre. C'est un vieux film qui date de notre dernière expédition. Où en est-on avec le lancement, monsieur Méchanico ?

— Paré au lancement, répondit M. Méchanico de son étrange voix humaine.

Il déplia un tentacule vers le tableau de bord et tira sur un levier vert.

Au début, rien de spécial ne se produisit.

Puis, sur l'écran géant, Rose identifia une vue extérieure du bâtiment en forme de pièce montée dans lequel ils se trouvaient. Un tourbillon de fumée blanche s'en échappait.

— Qu'est-ce que c'est que ça ? demanda-t-elle.

— Une rampe de lancement, répondit M. Beurre.

— Pour quoi ?

M. Beurre gratifia Rose d'un regard dédaigneux.

— Pour la fusée. Notre fusée, que nous mettons à feu. Objectif Lune. Nous allons chercher du fromage.

Il se fendit de son énorme sourire sans lèvres et ajouta :

— C'est du gâteau !

Rose étreignit plus fort son sac – et Serge. Les bocaux rouges se mirent à trembler sur leurs étagères. S'ensuivit un sifflement de turbine. La fumée sur l'écran s'épaissit, les vibrations s'intensifièrent, puis…

Tout à coup, plus rien.

L'espace d'un instant, Rose crut distinguer une toute petite fusée dans le ciel bleu foncé sur l'écran.

— La voilà partie, dit M. Beurre avec un soupir de satisfaction.

Il se pinça les joues et essaya de faire claquer ses lèvres inexistantes.

— On devrait avoir toutes les réserves de fromage nécessaires d'ici à deux semaines.

Rose sentit son cœur se serrer. Elle venait d'aider la Corporation des Véritables Petits Gâteaux et la Société Internationale des Rouleaux à Pâtisserie dans leur entreprise infernale. Désormais, plus rien ne pourrait les arrêter.

— Venez donc, Rose. Ceci n'est pas le clou du spectacle. Il y a mieux !

— Quoi ? souffla faiblement Rose. Ce n'est pas assez ?

M. Beurre agita un index maigre.

— Je veux vous montrer autre chose. C'est très important.

Il se rassit sur le siège avant de la voiturette de golf et la gronda :

— Ne faites donc pas cette tête ! Vos Tartelettes lunaires seront sur le marché en un rien de temps !

« C'est bien ce qui m'inquiète. »

Rose remonta dans le véhicule sans un mot.

Alors qu'il n'était pas encore midi, la chaussée envoyait déjà des ondes de chaleur lorsque M. Kerr s'arrêta devant un nouveau bâtiment. Celui-ci avait la forme d'une poche à douille géante, large à la base, surmonté d'une pointe en verre.

— Vous allez adorer ça, Rose, lança M. Beurre au moment où M. Kerr se garait devant la porte en verre.

— Si vous le dites, marmonna Rose.

Elle suivit MM. Beurre et Kerr dans le hall du bâtiment décoré de bouquets, composés non pas de fleurs, mais de bonbons et de cookies.

— On dirait un hôtel, commenta-t-elle.

— Parce que c'en est un, répliqua M. Kerr.

— Et on dit que les enfants n'ont pas le sens de l'observation ! ricana M. Beurre.

— Un hôtel pour qui ? demanda Rose. Les familles des pâtissiers ?

— Sûrement pas, s'offusqua M. Beurre. C'est un lieu d'accueil pour les visiteurs.

Ils embarquèrent dans un ascenseur de verre au fond du hall.

— On va au dernier étage ! annonça M. Beurre.

Il fouilla dans sa poche et en sortit un rouleau à pâtisserie miniature en métal argenté finement dentelé qu'il glissa dans le trou de serrure sur le tableau. Puis il appuya sur le bouton du haut.

La boîte de verre entama lentement son ascension, puis s'éleva de plus en plus vite. Une paroi donnait sur le hall de l'hôtel, l'autre sur l'extérieur. Rose vit se déployer à ses pieds toute l'étendue de la zone occupée par l'usine. Elle aperçut la rampe de lancement de la fusée sur le toit du bâtiment que M. Beurre avait appelé l'atelier, la multitude des entrepôts gris, la jungle des immeubles du marketing et des réserves d'ingrédients, et les kilomètres carrés de camions de livraison garés perpendiculairement au trottoir dans l'aire de chargement.

Tout au bout du complexe, elle remarqua une anomalie, un élément qui jurait avec ce fatras industriel : une petite maison rouge, avec une cheminée de brique et une véranda en ruine, au milieu d'une pelouse pas plus grande que son propre jardin à Calamity Falls. On aurait dit que M. Beurre avait découpé une image dans un livre de conte de fées et l'avait collée dans un coin de son empire de science-fiction.

— Qu'est-ce que c'est que cette petite maison, là-bas ? interrogea-t-elle en pointant la maisonnette du doigt.

M. Kerr jeta un regard inquiet à M. Beurre.

— Quoi ? Je ne vois pas de quoi vous parlez.

— Ce n'est rien, dit M. Beurre, soudain sur la défensive. Ça fait si longtemps que je ne suis pas venu par ici que j'en avais oublié l'existence.

— Est-ce que quelqu'un y habite ? insista Rose.

— J'ai dit que ce n'était rien ! tonna M. Beurre.

Les yeux exorbités, les poings serrés, il avait l'air très en colère. Rose jugea plus prudent de ravaler ses questions.

Ding. L'ascenseur venait de s'arrêter au trente-quatrième étage.

— Nous y sommes, annonça inutilement M. Beurre

en souriant et en lissant les plis de son pantalon. Ah, les surprises, que c'est merveilleux !

Sa colère concernant la petite maison rouge semblait s'être évaporée.

Les portes s'ouvrirent sur un couloir luxueux, recouvert d'un tapis rouge et or et éclairé par des appliques dorées. Une musique douce les accompagna tandis qu'ils allaient frapper à la porte 3405.

Rose bâilla. Elle était trop épuisée par sa nuit passée à pâtisser pour s'inquiéter de ce que M. Beurre lui réservait derrière cette porte. Au point où elle en était, elle n'était plus à une surprise près de sa part. Il ne pouvait pas se montrer plus maléfique qu'il ne l'était déjà.

Le battant s'ouvrit sur Céleste, Albert et Balthazar. Tous trois la regardèrent avec des mines aussi sidérées que la sienne.

— Maman ! Papa ! Grand-père !

Rose resta plantée dans le couloir, le souffle coupé.

— Allons, dit M. Beurre. Vous pouvez parler à votre famille. On va vous laisser un moment d'intimité.

Il la poussa brutalement à l'intérieur et ferma la porte.

Rose s'abandonna à l'étreinte de ses parents et de son aïeul. Elle pouvait à peine respirer.

— Je n'arrive pas à croire que vous êtes là ! s'écria-t-elle enfin en laissant glisser son sac à dos au sol pour leur rendre leurs câlins. J'ai eu si peur de ne jamais vous revoir !

Serge rampa hors du sac.

— Tu m'as laissé *tomber* ! maugréa-t-il.

Céleste serra sa fille à l'étouffer.

— On était morts d'inquiétude ! On a appelé la police.

Tout le monde était dans un état de nerfs pas possible. Et puis Jacques a déboulé du jardin pour nous dire qu'il avait parlé au persan du voisin, qui avait entendu qu'une fille Bliss de Calamity Falls était retenue en otage par la Corporation des Véritables Petits Gâteaux.

— Le Chatappel ! claironna Serge. Je te l'avais bien dit, ma chère Rose. Il ne faut jamais douter des talents d'organisation d'une bande de chats.

— Au début, on croyait juste que Jacques faisait sa souris française, dit Balthazar.

Une petite voix flûtée sortit de sa poche.

— Oh, ce n'est pas très poli d'insulter mon peuple, après tous les loyaux services que je vous ai rendus !

— Désolé, Jacques, marmonna Balthazar. Mais admets que tu es une souris bien crédule.

Un frêle « *Oui** » s'échappa de la poche.

— On a décidé que c'était notre seule piste, poursuivit Albert. La police avait perdu toute trace de toi, alors on a fait nos bagages, on a sauté dans le monospace et on a fait deux heures de route. Et nous voilà ! On a laissé tes frères et ta sœur à la maison avec Mme Carlson.

— M. Beurre a été très gentil avec nous, raconta Céleste, si décoiffée que sa chevelure ressemblait à de la fourrure de lapin angora. Mais il ne nous a pas expliqué ce que tu fais ici.

À cet instant, M. Beurre rouvrit la porte et entra dans la pièce.

— Rose a été fantastique. Elle a donné beaucoup d'elle-même et de son talent. Les temps sont durs pour nous, et elle a accompli un travail dont elle seule est capable.

Il se racla la gorge avant d'ajouter :

— D'ailleurs, il est temps pour elle de retourner au laboratoire. Nous perdons de précieuses heures.

— Non ! protesta Rose. Je rentre chez moi avec mes parents, merci bien.

— Oh. J'ai oublié de vous dire. *Personne* n'ira nulle part, déclara M. Beurre. Vous aurez tous les trois le privilège de profiter de cette chambre luxueuse jusqu'à ce que Rose ait terminé de peaufiner ses recettes.

— Et de quelles recettes s'agit-il ? s'enquit Céleste.

Rose jeta un coup d'œil à M. Kerr. Celui-ci passa un doigt menaçant sous sa gorge sans cesser de sourire.

— Euh… Juste des recettes. Pour des gâteaux de la Corporation.

— Puis-je vous dire deux mots en privé, mademoiselle Rosemary Bliss ? susurra M. Beurre, qui lui indiqua la porte d'un geste faussement révérencieux.

M. Kerr retint les parents de Rose tandis que M. Beurre et Rose sortaient dans le couloir rouge et or.

— C'est curieux, Rose, déclara M. Beurre. Lorsque ces charmants individus se sont présentés, j'ai d'abord pensé à les renvoyer en leur expliquant que je n'avais aucune idée de qui vous étiez, et puis j'ai compris que leur présence me conférait un avantage tactique inespéré.

— C'est-à-dire ? fit Rose, soudain terrifiée.

— Je les tiens à ma merci, répliqua M. Beurre. J'ai en ma possession ce à quoi Rosemary Bliss est le plus attachée au monde : ses parents. Maintenant, si vous ne perfectionnez pas les recettes qui restent, je ferai en sorte que vous ne les revoyiez jamais.

— Mais ils peuvent m'aider, tenta Rose. Nous sommes tous des magiciens-pâtissiers !

— Je ne crois pas, rétorqua M. Beurre avec amertume. J'ai besoin de juste assez d'intelligence dans mon laboratoire pour peaufiner mes recettes. Une dose trop forte risquerait de contrecarrer mes plans et saboter mon entreprise.

— Je l'aurais parié ! soupira Rose. Qu'en est-il de tout ce discours fumeux à propos de votre désir d'illuminer la vie des gens grâce à vos sucreries ? Je vous avais cru ! Je vous aurais aidé ! Je vous aurais aidé à créer de meilleures pâtisseries !

— Je veux *plus* que ça ! répondit M. Beurre avec un reniflement de mépris.

Son visage s'assombrit et les coins de sa bouche quasi invisible s'affaissèrent. Quand il reprit la parole, il leva les bras au ciel et tint un discours enflammé :

— De meilleures pâtisseries, ça ne suffit pas. J'ai de plus hautes ambitions, une vision grandiose. Les Véritables Petits Gâteaux de la Corporation seront tellement bons que les gens *tueront* pour eux.

Une ombre traversa son regard et il pointa un doigt crochu sous le nez de Rose.

— Et vous allez les créer. Sinon...

7

Le lapin et la vieille sorcière

M. Kerr et M. Beurre raccompagnèrent Rose au laboratoire. Elle ignora Marge, les autres pâtissiers et même Serge qui lui posaient des questions. Elle monta l'escalier en colimaçon sans un mot et fit la sieste jusqu'à trois heures de l'après-midi. En général, elle critiquait les gens qui dormaient pendant la journée (par « les gens », il fallait entendre Oliver et Origan le week-end). Elle avait une excuse : elle avait passé une nuit blanche à préparer l'antidote aux Tartelettes lunaires et à empêcher Marge de s'arracher les cheveux (pour de vrai).

Elle était en outre contrariée d'avoir découvert que ses parents étaient retenus en otage.

C'était déjà terrible qu'on l'ait kidnappée, elle, Rosemary Bliss, et qu'on l'ait forcée à aider la maléfique Corporation des Véritables Petits Gâteaux. Maintenant, sa famille était en danger par sa faute. Si Rose ne se pliait pas aux exigences de M. Beurre, qui sait ce qu'il adviendrait de ses parents et de Balthazar ?

Elle se réveilla dans le brouillard, une grosse trace de bave sur son oreiller. Elle se frotta le visage et la mémoire lui revint. Elle devait sauver ses parents, empêcher la Corporation de poursuivre son projet malfaisant *et* réparer les dégâts causés à Calamity Falls.

Elle secoua la tête. C'était beaucoup pour une jeune pâtissière comme elle.

La voix de Marge s'éleva de la cuisine.

— Rose ! Descendez tout de suite et mettons-nous au travail ! Ces Arcs-en-boule ne vont pas se perfectionner tout seuls !

À travers la paroi vitrée, Rose vit que Marge tenait un plateau sur lequel étaient disposés les Arcs-en-boule, des petits gâteaux au chocolat recouverts de noix de coco de différentes couleurs : bleu fluo, vert fluo, orange fluo et rose fluo. Rose pensa qu'ils auraient mieux convenu dans la vitrine d'un fast-food crasseux au bord de l'autoroute.

— J'ai pas envie, grogna Rose, les yeux fixés sur les murs de verre de sa chambre-cellule.

Serge choisit cet instant pour sauter du rebord de la fenêtre.

— Tiens, tiens, dit-il en remuant énergiquement la queue. Regardez qui vient de se réveiller.

Rose croisa les bras et s'en couvrit les yeux pour faire disparaître le reste du monde.

— Je refuse de perfectionner ces recettes, Serge. Je ne veux pas aider M. Beurre et sa bande aux Rouleaux à Pâtisserie. Je veux qu'ils libèrent papa, maman et Balthazar, et je veux rentrer à la maison.

— Pfft, soupira Serge. T'es comme Moïse.

— Moïse ? s'étonna Rose. Celui de la Bible ? Comment ça ?

Serge s'assit sur la poitrine de Rose. Sa fourrure de chat réchauffa le cœur inquiet de la pâtissière.

— Moïse était un esclave hébreu né en Égypte, ronronna le félin. Mais sa mère le mit dans un panier et il descendit le Nil. La femme de Pharaon le trouva et l'éleva comme son fils.

— Je ne vois toujours pas le rapport avec moi.

Elle adorait ce chat – c'est vrai – mais elle aurait aimé qu'il soit plus concis.

— Attends un peu, Rose, miaula Serge en posant une patte sur les lèvres de la jeune pâtissière. Moïse allait devenir le successeur de Pharaon, et il en était ravi, crois-moi, absolument ravi. Jusqu'à ce qu'il apprenne qu'en réalité il était un esclave hébreu.

— Encore une fois, si tu voulais bien me préciser ce que ça a à voir avec moi…

— Un peu de patience ! protesta Serge, la patte levée. Bien sûr, quand il découvrit ses origines, Moïse voulut libérer son peuple et s'aventura dans le désert. Puis il revint à la cour d'Égypte supplier Pharaon de libérer les esclaves. Et il dut employer les grands moyens pour obtenir gain de cause : une invasion de grenouilles, de moustiques et de mouches, une tempête de grêle et un voyage qui dura quarante ans. Franchement, c'était pas joli à voir. Tu vois où je veux en venir maintenant ?

Serge fronça la truffe et se gratta derrière l'oreille.

Rose plissa le front.

— L'esclavage est le pire fléau de l'humanité, la justice s'arrache de haute lutte et les chats sont d'incorrigibles bavards ?

— Certes, acquiesça Serge en découvrant ses dents pointues. Tout cela est vrai. Mais voici où je veux en venir : tu ne crois pas que ç'aurait été plus facile pour Moïse de régler ses problèmes *au sein du système établi* ? Tu ne crois pas que ç'aurait été plus simple pour lui de libérer les esclaves *une fois devenu Pharaon* ?

Rose soupira et se coucha en chien de fusil. Le chat, expulsé de son nid, se jucha sur sa hanche.

— Je ne suis pas Pharaon, et on n'est pas en Égypte. Je ne vois pas ce que tout ça a à voir avec moi.

Serge alla s'asseoir sur la tête de Rose, comme il le faisait toujours lorsqu'il voulait marquer un point.

— Si tu veux anéantir la Corporation des Véritables Petits Gâteaux, tu as deux options. Un : tu essayes de te rebeller et de t'enfuir, comme Moïse, au péril de ta vie et de celle de tes proches. Ou, deux : tu fais semblant de collaborer, en concoctant les recettes que réclame M. Beurre, ainsi que leurs antidotes. Ensuite, tu les frapperas subrepticement par-derrière et tu mettras un terme définitif à leur entreprise diabolique.

Il resta silencieux un instant avant d'ajouter :

— Lequel de ces deux plans te paraît le plus judicieux ?

— Le second, admit Rose en ôtant le chat de sa tête et en le posant à côté d'elle avant de s'asseoir. Tu as raison !

Serge posa une patte sur le front de Rose.

— Il le faut, c'est vrai. Tu n'as pas le choix. Pas si tu veux protéger ta famille.

La voix inquiète et tremblante de Marge monta de nouveau jusqu'à eux :

— Rose ! S'il vous plaît ! Les Arcs-en-boule !

Rose regarda Serge et râla :

— D'accord, allons préparer ces Arcs-en-boule infernaux.

— *Et…* ? lui rappela Serge.

Rose esquissa un sourire.

— *Et* leur antidote.

Rose et les pâtissiers s'alignèrent devant une table et observèrent la rangée d'Arcs-en-boule au chocolat… de la même couleur que les surligneurs dont Rose se servait à l'école.

— J'ai vraiment envie d'en manger un, saliva Gene. Ils ont l'air bien meilleurs que ces Tartelettes lunaires.

— Les Tartelettes lunaires, c'est dégueu, dit Félanie en frissonnant.

— Pire que dégueu, renchérit Mélanie. Elles sont… *dégueulissimes.*

Rose jeta un regard perplexe à Marge et retroussa les manches de sa veste.

— Ils ne sont plus sous le charme des Tartelettes lunaires ?

Marge pointa fièrement un four du doigt :

— Je leur ai fait de la Confiture d'Abricots de Dragomiresti ! On a tous mangé des scones à la confiture pour le petit déjeuner, et maintenant, on se sent beaucoup moins lunatiques, si vous voyez ce que je veux dire.

— Mais j'ai une sacrée envie d'abricots, dit Ning en se frottant le ventre. Ces délicieux fruits si sucrés !

— C'est le prix à payer, répliqua Marge. Fais avec.

— Mais j'ai encore plus envie d'un de ces Arcs-en-boule, ajouta Ning.

Jasmine cilla, et ses yeux parurent grossir.

— Moi aussi, dit-elle. Ils sont si *brillants*… Ils me mettent l'eau à la bouche.

Rose s'avoua qu'elle était, elle aussi, en proie à une étrange impulsion : elle devait se retenir pour ne pas se jeter sur un Arc-en-boule. Pourtant, elle savait que sous des apparences trompeuses, ce n'était qu'une immonde pâte brunâtre. Vues de près, les pâtisseries nappées de noix de coco avaient en effet des couleurs éclatantes : bleu de chez bleu, vert de chez vert… On aurait dit de gros bijoux fluo.

— C'est joli, murmura Félanie.

— En ma qualité de… chef, déclara Rose, j'ai le devoir d'en goûter un.

— La chance, chuchota Mélanie.

Rose saisit un morceau d'Arc-en-boule orange fluo et le fourra dans sa bouche. Le glaçage avait le goût d'un kleenex, le gâteau au chocolat celui de la cendre agglomérée et la crème aurait tout aussi bien pu être de la salive séchée. Le tout était beaucoup trop sucré.

— Berk ! fit Rose en recrachant dans l'évier. C'est infect.

Elle se rinça la bouche deux fois.

— C'est abominable, pourtant, j'en veux encore.

— C'est pour ça qu'il faut perfectionner la recette, dit Marge. Ça ne rend pas encore *parfaitement* accro.

Rose frissonna à l'idée de ce qui pourrait se passer si c'était le cas.

— Bien. Mes amis, montrez-moi comment vous vous y prenez.

Serge resta sur l'épaule de Rose tandis qu'elle observait les pâtissiers recréer les Arcs-en-boule à partir de la recette de tante Lily.

Marge sortit une fiche couleur crème exquisément calligraphiée par Lily et se mit à aboyer des ordres. Jasmine s'attela aux boules chocolatées. Gene, le vice-président de la garniture à la guimauve et aux fruits, alla décrocher le tuyau d'incendie sur le mur et lui raccorda un embout qui évoquait une grosse seringue hypodermique.

— Qu'est-ce que vous fabriquez avec ce tuyau d'incendie, Gene ? s'étonna Rose.

— Un tuyau d'incendie ? répéta Gene en regardant ce qu'il tenait dans sa main. Pas du tout, c'est une douille à conservateur.

Rose remarqua alors l'autre extrémité du tuyau plongée dans un réservoir plein d'une substance translucide qui ressemblait à de la morve. Elle ne put réprimer un frisson de dégoût.

Comme s'il avait fait ça des milliers de fois – ce qui était sans doute le cas –, Gene tira le tuyau jusqu'à la plaque où s'alignaient les boules chocolatées et injecta un peu de la substance gélatineuse à chacune.

— C'est ça, la crème dont on fourre les Arcs-en-boule ? dit Rose, écœurée. De la morve bizarroïde ?

— Non, non, ça, c'est les conservateurs, expliqua Gene. Un élément essentiel des PCIC. Une seule goutte suffit, et ces Arcs-en-boule seront encore frais lorsque les zombies et les cafards auront hérité de notre planète. C'est la garantie que, dans des milliers d'années, ces pâtisseries auront le même goût que le jour de leur création.

Il sourit fièrement.

Rose repensa au Fondant mordant réalisé en 1927 et exposé sous une cloche de verre dans la grande usine.

— Il y a certaines choses qui devraient être impossibles, souffla-t-elle à Serge.

Il était assis à côté d'elle sur une table de préparation immaculée. Il acquiesça de la tête.

Une fois que Gene eut fourré tous les Arcs-en-boule de morve conservatrice, Ning et Félanie préparèrent quatre saladiers de glaçage à la vanille, puis sortirent un bocal rouge contenant un gros scarabée noir. L'insecte tournait en rond dans sa cage de verre à la recherche d'une issue. Il avait l'air plus répugnant que magique. Mais, à la réflexion, le fromage de lune aussi.

— Et qu'est-ce que c'est que *ça* ? s'enquit Rose.

— Le scarabée de l'aveuglement, l'informa Marge qui distribuait des masques de soudeur au personnel. Tenez, Rose, mettez ça.

Rose avait vu des ouvriers porter des casques de protection tels que celui-ci. C'était sur un chantier devant la bibliothèque de Calamity Falls. Ils faisaient jaillir des pluies d'étincelles flamboyantes des poutres en acier. Mais ces masques n'avaient pas leur place dans une pâtisserie.

Elle plaça cependant le sien sur son visage. On aurait dit que quelqu'un avait éteint la lumière.

— Je ne vois rien, dit-elle. Et je n'arrive pas à respirer. Est-ce vraiment nécessaire ?

— Oui, dit Ning.

Ning ouvrit le bocal au-dessus de la mixture et le scarabée de l'aveuglement bondit dans le saladier.

Dans le noir total, Rose écoutait sa propre respiration. Soudain, le scarabée se mit à briller comme un feu d'artifice, il tournoyait dans le saladier et laissait échapper de ses ailes des gerbes d'étincelles orange. Le bruit lui rappela les pétards que ses frères et elle allumaient dans le jardin le 4 Juillet, à l'occasion de la fête de l'Indépendance : un mélange de sifflements, de craquements et d'explosions.

Ning plaça l'insecte dans le saladier suivant, où il s'illumina d'un vert fluo, semant derrière lui de petites flammèches émeraude. Dans le mélange suivant, un rose électrique vint teinter les ténèbres. Puis, dans le dernier, le scarabée cracha des miniboules de feu bleu métallisé. Même à travers le masque, la lumière était si vive qu'il était impossible de la fixer longtemps. Des taches flottèrent dans le champ de vision de Rose. Elle cligna des yeux et détourna la tête.

Une fois le scarabée éteint, Ning le captura, le glissa dans sa prison rouge et referma le couvercle du bocal.

Rose ôta son masque et essuya les gouttes de sueur qui perlaient sur son front. Les quatre saladiers de glaçage étaient désormais respectivement orange, vert, rose et bleu fluo. À l'intérieur du bocal, le modeste scarabée rampait, épuisé.

— Eh bien, s'exclama Marge en papillonnant des paupières. Impressionnant !

— C'est intéressant, dit Rose.

Elle feuilleta *L'Apocryphe* à la recherche du passage où il était question du scarabée de l'aveuglement et s'arrêta sur la page suivante :

En l'an 1832, dans le village thaïlandais de Songkram, un commerçant anglais du nom de Deveril Shank, un descendant d'Albatross Bliss, découvrit le scarabée de l'aveuglement dans une jungle du Sud-Est asiatique. Il se servit des étincelles magiques produites par le merveilleux insecte pour colorer le glaçage d'un gâteau empoisonné qu'il offrit à la famille royale de Songkram, qui avait menacé de l'expulser. La famille royale, enchantée par les couleurs vives du glaçage, mangea la pâtisserie.

— C'est immonde ! se récria Marge qui lisait par-dessus l'épaule de Rose.

— Je sais, soupira Rose.

Marge relut la fiche laissée par Lily et la brandit d'un geste théâtral.

— Je n'avais jamais lu la recette d'origine. Seulement celle que notre ancienne chef nous avait donnée. Albatross Bliss *empoisonnait* les gens ! Mais qu'est-ce qui ne tourne pas rond dans votre famille ?

— Ce n'est pas ma famille, rétorqua Rose, sur la défensive.

Elle n'avait pas le temps d'expliquer les ramifications de l'arbre généalogique de la famille Bliss, et comment un conflit jamais résolu entre deux frères – le bon Filbert et le diabolique Albatross – avait donné naissance à deux branches de magiciens-pâtissiers. D'un côté, la magie bénéfique pratiquée par la mère de Rose (et par Rose elle-même), de l'autre, la magie noire d'Albatross et de sa lignée.

Rose désigna du doigt les saladiers colorés.

— Peu importe. Ces trucs-là ont beau être immondes, ils sont encore loin de l'être assez.

— Comment ça ? s'étonna Serge en sautant sur la table, les poils hérissés. Pouah ! Que je déteste les insectes !

— Cette recette rend les Arcs-en-boule irrésistibles de l'extérieur, répondit Rose. Il faut qu'ils le soient aussi de l'*intérieur*.

Rose, voyant Gene s'avancer vers eux, signala à Serge de se taire en mimant le geste de fermer sa bouche avec un zip.

— La nouvelle chef, elle sait vraiment de quoi elle parle ! la félicita Gene avec une petite tape dans le dos.

— Ça, c'est bien vrai ! entonnèrent en chœur Mélanie et Félinie qui regardaient les saladiers.

Le visage de Rose s'éclaira d'un immense sourire. Elle se remit à feuilleter *L'Apocryphe* et trouva une recette *parfaitement* immonde.

LE GÂTEAU DE LA FAMINE :
Pour répandre la terreur dans les villages

En l'an 1742, dans le village irlandais de Ballybay, l'abominable Callum O'Frame, descendant d'Albatross, concocta de petits gâteaux, qui, lorsque les habitants de Ballybay les eurent mangés, leur creusèrent grandement l'appétit. Ils mangèrent autant qu'ils purent, mais rien ne pouvait apaiser leur faim. Ils dévorèrent toutes leurs réserves alimentaires, puis ils partirent en quête de nourriture, assassinant leurs voisins pour leur voler leurs patates bouillies et leur ragoût de mouton. Les villageois furent ainsi transformés en bêtes voraces.

Sir Callum O'Frame mélangea six poignées de **farine**, une poignée de **chocolat en poudre** et une poignée de **sucre blanc**. Il ajouta un bâton de **beurre de vache**, deux **œufs de poule**, une poignée de **lait**, une noisette de **vanille** et le **hululement d'une vieille sorcière O'Brouillard**, qui couvrait les bruits déchirants des estomacs affamés des villageois.

— Alors, si on suit cette recette, on va se métamorphoser en bêtes sauvages ? demanda Marge.

Elle retira sa toque, laquelle, maculée de gouttes de colorant alimentaire et de sucre roux, n'était plus blanche du tout.

— Pas question de me transformer en vieille sorcière hululante.

— Ceci vous guérira, déclara Rose, le doigt pointé sur les notes au dos de la page.

PAINS DES LAPINS :
Pour contrecarrer les effets du GÂTEAU DE LA FAMINE

Le pâtissier voyageur Seamus Bliss fut témoin des ravages meurtriers que provoqua la faim insatiable des *villageois de Ballybay et créa pour eux de délicieux petits pains au lait qui les faisaient se sentir tout à fait rassasiés dès qu'ils touchaient la fourrure d'un gentil petit lapin.*

*Sir Bliss mélangea trois poignée de **farine**, une noisette de **levure**, une poignée de **lait de vache**, un **œuf de poule** et une poignée de **sucre**. Il y ajouta la **bénédiction d'un lapin bénédictin**.*

Dès lors, les villageois portèrent autour du cou des pattes de lapin – provenant de lapins décédés de mort naturelle, bien entendu –, afin d'être toujours en contact avec la fourrure d'un gentil petit lapin.

— Eh ben dis donc ! s'exclama Gene en levant si haut les sourcils qu'ils touchèrent presque le sommet de son crâne. C'est peut-être ça l'origine des chaînes de pattes de lapin porte-bonheur ! Je les adore ! J'en ai toute une boîte sous mon lit !

— Mais où trouver un lapin bénédictin ? se demanda Rose à voix haute. Et une vieille sorcière O' Brouillard ?

Tandis que les pâtissiers réfléchissaient, Serge bondit dans les bras de Rose et lui chuchota à l'oreille :

— On dirait qu'ils ont tous les ingrédients possibles et imaginables dans la pièce montée… le bâtiment où il y a les robots. Je suis sûr qu'ils te donneraient la vieille sorcière O' Brouillard. Pour le lapin bénédictin, par contre, ça pourrait paraître suspect. Tu vas sans doute devoir le leur voler.

— C'est une bonne idée, murmura Rose.

Elle laissa Serge redescendre par terre et répéta mot pour mot sa suggestion.

— Je me porte volontaire, déclara Gene en gonflant la poitrine. Quand j'étais ado, j'étais champion de vol à l'étalage. Avant de revenir dans le droit chemin et d'apprendre la pâtisserie. Je peux faire disparaître ce lapin bénédictin dans ma toque aussi bien qu'un prestidigitateur dans son haut-de-forme.

— Gene, mon ami, on a tous commis des erreurs de jeunesse, dit Marge en lui donnant des tapes affectueuses dans le dos. Un jour, j'ai volé un cheval sur un champ de courses. C'est une longue histoire. Tout ça pour dire que je serai ta complice, conclut-elle avec un large sourire.

— Non ! s'écria Félanie. C'est bien trop dangereux !

— Voler un lapin ! s'exclama Mélanie. Trop mignon !

Elle se tourna vers Jasmine, occupée à casser une plaque de chocolat pour mettre des carrés dans la bouche de Ning, et ajouta :

— Tu entends ça, Jasmine ? Marge et Gene vont voler un lapin !

— Quoi ? souffla Jasmine en levant la tête.

— Bon, c'est pas tout ça, fit Marge d'un ton décidé.

Elle marcha droit sur Jasmine et lui prit deux carrés de chocolat des mains. Avec le premier, elle traça deux lignes noires sous ses yeux, comme un footballeur américain avant un match. Avec l'autre, elle fit de même sur le visage de Gene.

— Et voilà ! s'exclama-t-elle. Maintenant, personne ne nous reconnaîtra. Viens, Gene. Nous avons du petit pain sur la planche.

Elle fourra les carrés de chocolat dans sa bouche et fit un clin d'œil à Rose.

Pour leur part, Rose et Serge, ainsi que le reste de la brigade, s'attelèrent à la préparation des deux versions revisitées des Arcs-en-boule : une pour le hululement de la vieille sorcière O' Brouillard, l'autre pour la bénédiction du lapin bénédictin. Ils mixèrent deux portions géantes de la pâte dans deux saladiers de la taille d'une bassine que Jasmine avait sortis d'un placard.

— Pauvre petit lapin, ne cessait de marmonner Mélanie. Pauvre petite bête.

« Pauvre de moi ! » pensa Rose. Sans l'aide de Félanie, Ning et Jasmine, elle aurait raté les deux mélanges. Elle essayait tant bien que mal de se concentrer, mais elle n'arrêtait pas de se tromper. Elle revoyait sans cesse ses parents et Balthazar, dans cette chambre d'hôtel, entourés des pâtisseries de la Corporation. La menace de M. Beurre l'obsédait, le ton de sa voix quand il avait prononcé : « Sinon… » Que leur réservait-il si elle échouait ?

— Peut-être devriez-vous faire la vaisselle ? suggéra amicalement Jasmine en lui tendant deux saladiers remplis d'ustensiles visqueux.

— Bonne idée, opina Rose.

Elle était en train d'enlever la fine couche de chocolat qui recouvrait une cuillère en bois lorsque Marge et Gene reparurent, exténués mais tout sourires. Les lignes en chocolat sous leurs yeux avaient fondu sur leurs joues.

— Comment ça s'est passé ? questionna Rose.

Marge poussait un chariot dans lequel étaient disposés

deux bocaux rouges. L'un mesurait un mètre de haut et cinquante centimètres de large. À travers le verre cramoisi, Rose aperçut une vieille femme rabougrie qui les observait. L'autre récipient, de taille standard, contenait un adorable petit lapin à la fourrure crème. Un faux col noir et blanc ornait son cou.

— On a réussi ! s'écria Marge en levant le poing en l'air.

Les pâtissiers se réunirent autour du chariot et poussèrent des oh ! et des ah ! devant les bocaux. Rose profita de cette diversion pour s'accroupir et s'entretenir brièvement avec Serge qui tirait sur son tablier.

— Fais bien attention à cette vieille sorcière O' Brouillard, murmura le chat tandis que Gene poussait le chariot vers la table de préparation. J'ai entendu dire que son espèce était très… indisciplinée.

— Son *espèce* ?

Rose inspecta la vieille femme fantôme dans le bocal. Elle avait des cheveux gris et ternes, une peau blanche fripée et un long nez pointu. Rose n'aurait su dire si la sorcière l'observait ou si elle regardait dans le vague. C'était très troublant.

Serge se racla la gorge.

— Les vieilles sorcières O' Brouillard se rencontrent surtout au pays de Galles. Ce sont des créatures de néant au corps de brume. On dit qu'elles chassent les cœurs des innocents. Elles hululent parce qu'elles sont habitées par un vide qu'elles ne peuvent jamais combler. Le nombre d'âmes qu'elles dévorent ne fait aucune différence.

— Ça ne me dit rien qui vaille.

Rose se redressa et répéta cette nouvelle information au groupe.

— Ça me rappelle mon ex-mari, marmonna Marge, pensive.

Rose couvrit un des saladiers de pâte au chocolat et plaça l'autre devant.

Marge ouvrit le bocal contenant la vieille sorcière et lui lança :

— À toi de jouer, vieille chouette !

La vieille sorcière bondit hors de sa prison et, en un clin d'œil, acquit une taille normale. À présent, elle était aussi grande que les pâtissiers, quoique beaucoup moins grosse. Ses yeux noirs firent le tour du laboratoire. Elle leva ses mains griffues vers le plafond et poussa un hululement à déchirer les tympans.

Les mixeurs se mirent à vibrer et le linoléum se recourba aux extrémités. Des morceaux de plâtre tombèrent du plafond. Rose se boucha les oreilles avec ses pouces, ce qui n'empêcha pas le cri diabolique de la vieille sorcière de lui transpercer le crâne comme un tisonnier brûlant.

Sous l'effet du hurlement, la pâte au chocolat jaillit du saladier et se mit à tourner dans les airs comme une sphère volante en délire qui ne cessait de s'élargir. Le chocolat tourbillonnait à une telle allure qu'on aurait cru qu'il ne bougeait pas.

Quelques secondes plus tard, la vieille sorcière eut un hoquet et le silence se fit.

« Eh ben, moi qui pensais que Marge était la reine des hurleuses. Ce cri est dix millions de fois pire. »

La pâte cessa de tourner et plouf ! retomba dans le saladier en un clin d'œil. S'élevèrent alors du récipient une odeur de pourri et l'haleine fétide d'une cantine pleine d'élèves affamés.

— Berk ! fit Ning en s'éventant avec sa main.

La vieille sorcière O' Brouillard renifla partout dans la pièce, à la recherche de quelque chose. Son regard vide et noir se posa sur Rose.

« Un cœur d'innocent, se dit Rose. Elle veut dévorer mon âme. »

— Attrapez le bocal ! s'écria Rose. À l'aide !

8

Un festin d'Arcs-en-boule

Rose courut se cacher derrière les six pâtissiers pendant que Marge inclinait le bocal vers la vieille sorcière O' Brouillard.

— Éloignez-la de moi ! hurla Rose.

Elle ferma les yeux. Mais elle pouvait encore voir les iris d'un noir charbonneux de la sorcière fixés sur elle, prêts à la dévorer.

— Ne vous inquiétez pas, Rose, répondit Marge. Nous vous protégerons.

— Essaie donc pour voir, vieille harpie ! s'écria Félanie en levant un doigt menaçant. Essaie un peu !

— Viens ici, ma petite vieille, ronronna Mélanie. Viens…

La vieille sorcière O' Brouillard poussa un rugissement si grave que le sol en trembla. Alors que la sorcière se précipitait sur elle, Rose sentit ses cheveux se dresser sur sa tête.

Mais les pâtissiers ne cédèrent pas d'un pouce. Ils brandirent le bocal et attrapèrent la sorcière au vol, juste devant Rose, à la dernière seconde. Félanie rabattit le couvercle, Mélanie le vissa et la sorcière se cogna la tête contre le fond du bocal si violemment qu'elle se retransforma en brouillard.

— Ouf ! fit Rose en frissonnant. C'était moins une.

Serge leva la tête de derrière un des grands bols à mixer. Il avait le poil hérissé, comme s'il était saturé d'électricité statique.

— Est-ce que ce machin est à nouveau dans sa cage ? demanda-t-il d'une voix faible.

— Bouclé à double tour, répondit Rose, soulagée.

Les pâtissiers emportèrent le bocal dans un coin de la pièce. Il s'agita un moment, puis ne bougea plus.

— Cette créature était encore plus terrifiante que ma grand-mère, fit observer Ning.

Une fois que tout le monde eut repris ses esprits, Mélanie et Félanie répartirent la pâte au chocolat modifiée dans des moules à Arc-en-boule. Marge, quant à elle, saisit le saladier avec le reste de la mixture chocolatée.

— Et maintenant, l'antidote, déclara-t-elle.

Rose prit l'autre bocal.

— Est-ce qu'il faut que je me méfie de celui-là aussi ?

Serge haussa les épaules.

— Pas vraiment. Peut-être est-il trop bête pour nous aider ? Ce n'est qu'un lapin, après tout.

Rose ouvrit le bocal et en sortit le lapin bénédictin. Elle caressa sa fourrure soyeuse.

Ses yeux, tout comme ceux de la vieille sorcière, étaient d'un noir intense, mais au lieu de dégager une sensation de vide glacé, ils irradiaient de chaleur, d'innocence et de lumière. C'était la créature la plus mignonne qu'elle ait jamais vue. Rose aurait voulu bercer la petite bête dans ses bras pour le reste de sa vie. Tous les pâtissiers cessèrent de travailler pour les regarder, soudain envahis par une sensation de calme et de paix.

— Oh ! s'émerveilla Jasmine. C'est le plus beau petit lapin du monde entier.

— Il émane de lui…, commença Ning qui avait du mal à finir sa phrase, une tendresse éthérée !

— Il a le pelage duveteux ! chuchota Mélanie.

À force de s'extasier sur le lapin bénédictin, ils ne virent pas la vieille sorcière O' Brouillard renifler comme une furie dans son bocal, son regard inexpressif braqué à travers le verre rouge sur le petit lapin innocent.

Rose rapprocha en douceur le lapin de la pâte au chocolat.

— Et maintenant ? murmura-t-elle pour ne pas déranger la petite créature.

— Tu as de la chance, dit Serge. Je parle un peu le lapinais. Je vais lui demander de bénir le mélange.

Serge émit quelques ronronnements, tour à tour courts et lents – on aurait dit du morse. Le lapin eut l'air de sourire. Il hocha la tête, sauta sur la table et se redressa. Il leva en l'air ses pattes avant toutes douces, ferma ses yeux adorables et laissa échapper une série de couinements, une suave musique aux oreilles de Rose.

Derrière elle, le bocal contenant la vieille sorcière O' Brouillard trembla, vacilla, puis tomba par terre. La paroi se craquela et un minuscule éclat de verre se détacha. La vieille sorcière O' Brouillard se faufila à travers le trou et, dans un hurlement de triomphe, se jeta sur le lapin bénédictin.

Le lapin, imperturbable, continua son incantation.

Rose se couvrit les oreilles et se rua en avant pour s'interposer. Mais la silhouette blanche et vaporeuse passa à travers elle. Jasmine sauta devant le lapin ; la sorcière, telle une flèche de brume, la traversa également.

— Le lapin ! hurla Mélanie.

— Quoi ? s'égosilla Félinie par-dessus le hululement perçant de la sorcière.

— LE LAPIN !

La sorcière pila net devant le lapin bénédictin et sa bouche s'élargit jusqu'à devenir un énorme puits noir aussi large que le reste de son corps. Elle inspira avec un bruit d'aspirateur.

Le lapin se mit à glisser sur la surface froide en inox de la table, attiré comme par un aimant vers la bouche béante de la sorcière.

— Non ! brailla Rose. Arrêtez !

Serge bondit sur la table et attrapa dans sa gueule la queue duveteuse, il se cramponna des quatre pattes au rebord. Hélas, la sorcière était trop puissante. Serge, lui aussi, se mit à glisser.

Rose regarda autour d'elle, paniquée. Son regard s'arrêta sur le réservoir de conservateur.

— Gene ! cria-t-elle. Le tuyau !

Gene comprit au quart de tour. Sans perdre une seconde, il s'empara du long nez-seringue et le lança à Rose. Elle l'attrapa et l'enfonça dans le gosier de la vieille sorcière.

Puis elle actionna le déclencheur.

Tandis que le conservateur visqueux se répandait en elle, la sorcière écarquilla de plus en plus les yeux…

De peur, s'aperçut Rose. La sorcière était épouvantée.

La substance gluante sembla coaguler à l'intérieur du brouillard, donnant naissance à une silhouette solide de terreur pure. La sorcière s'épaissit, pour finalement s'écrouler par terre sous son propre poids. Elle explosa en un million de particules d'un magma infâme qui se collèrent aux murs, au plafond, et à tous les appareils et ustensiles en inox. Marge recouvrit le second mélange chocolaté juste à temps pour le protéger.

— Berk ! gémit Mélanie. C'est dégoûtant !

Le lapin termina sa bénédiction et ouvrit les yeux, souriant, comme si rien ne s'était passé. Il s'assit sur son derrière et remua le bout du nez.

— Oh ! Dieu merci ! dit Mélanie. Le lapin n'a rien !

Serge poussa un soupir et leva la tête vers Rose.

— On dirait qu'ils vont avoir besoin d'une nouvelle vieille sorcière.

À cinq heures de l'après-midi, le lapin bénédictin était sagement retourné dans son bocal, et les deux versions des Arcs-en-boule étaient disposées sur des plateaux sur une des tables de préparation, nappées des quatre couleurs fluo.

Rose souleva les Arcs-en-boule antidotes.

— Je vais les cacher, prévint-elle. Si les Arcs-en-boule démoniaques fonctionnent aussi bien que prévu, vous serez tellement tenaillés par le désir d'en manger encore que vous fouillerez les lieux de fond en comble pour les trouver. Ce sera le test. Alors, ne regardez pas !

Les pâtissiers obéirent et fermèrent les yeux tandis que Rose dissimulait les antidotes sous un saladier retourné sur la table la plus éloignée. Elle monta ensuite dans sa chambre et laissa les pâtissiers devant les dangereux Arcs-en-boule.

— Allez-y ! hurla-t-elle.

Ce fut un jeu de massacre.

Les pâtissiers se précipitèrent sur les confiseries en se bousculant. Ils se gavèrent de brillantes pâtisseries jusqu'à ce que leurs joues ressemblent à celles de gros hamsters. Leurs visages étaient maculés de crème et de glaçage fluo.

— Ça me rend malade rien que de les regarder, miaula Serge.

— Tu peux parler, répliqua Rose. Je t'ai vu avaler tes boîtes de thon.

— Ma chère, un connaisseur sait savourer un mets fin. Ça… c'est de la goinfrerie pure et simple.

Pour le bien de sa santé mentale, Rose était soulagée que les Arcs-en-boule soient hors de sa portée. Si ces gâteaux étaient aussi addictifs que les Tartelettes lunaires, la moindre miette suffirait à lui faire perdre la tête.

Une fois qu'ils eurent fini de mâcher, Marge et les autres pâtissiers s'allongèrent sur le sol pour digérer en se léchant les babines.

Puis ils se mirent à rouler.

Marge agrippa son ventre.

— Je meurs de faim ! gémit-elle. Il me faut plus d'Arcs-en-boule ! Mon estomac est un trou sans fond que rien ne saurait combler !

Ning se remit debout en titubant.

— Moi d'abord ! cria-t-il. Quand j'aurai le ventre plein, on parlera du tien, Marge.

Il ouvrit tous les placards, regarda dans tous les saladiers, souleva les essuie-tout.

— Je sais que la chef a fait une autre fournée de ces merveilleux Arcs-en-boule. Mais où sont-ils ?

Jasmine et Gene avaient trop mangé. Ils n'arrivaient pas à se relever. Ils se mirent donc à ramper, reniflant le linoléum, explorant le dessous des machines tels deux limiers.

Mélanie et Félanie se contentèrent de lécher les plaques de cuisson en gargouillant :

— Yenapu ! Yenapu ! Oh, mais pourquoi yenapu ?

Rose observa les pâtissiers d'un air horrifié. Si ces Arcs-en-boule étaient mis en vente, rien ne pourrait plus arrêter la Corporation. La fausse sensation de faim induite par ces confiseries pousserait la population à dévaliser les magasins, les gens seraient prêts à n'importe quoi. Voilà ce que voulaient M. Beurre et la Société Internationale des Rouleaux à Pâtisseries.

— C'est affreux.

— On dirait que la vieille sorcière O' Brouillard a donné le pire d'elle-même, chuchota Serge.

— J'espère que les antidotes vont fonctionner. Allons, lapin bénédictin, ne nous déçois pas.

Jasmine se cogna la tête contre la table où Rose avait caché les Arcs-en-boule antidotes, la faisant basculer. Les friandises roulèrent sur le sol. Une douzaine de grosses billes colorées. Les six pâtissiers étouffèrent un cri et restèrent un instant sans bouger.

— C'est pour *moi* ! s'égosilla Marge qui s'élança sur une table et se laissa glisser sur le ventre.

— Tu les auras pas ! s'écria Gene en roulant par terre.

Mélanie et Félanie poussèrent des grognements incompréhensibles. Elles riaient et pleuraient en même temps.

Ils convergèrent tous vers l'endroit où les antidotes avaient roulé. Ce fut un carambolage de têtes. Les hurlements étaient si stridents que Rose se couvrit les oreilles. Elle s'assura tout de même que chaque pâtissier ait droit à au moins un antidote, puis elle attendit que le remède fasse effet. Ces Arcs-en-boule avaient transformé son équipe de gentils pâtissiers en une bande de monstres démoniaques.

Les disputes et les cris cessèrent.

Les pâtissiers se regardèrent tandis qu'ils ôtaient des miettes de leurs visages et se léchaient les doigts pour récupérer le restant de glaçage.

Marge fut la première à prendre la parole.

— Il m'en faut encore, murmura-t-elle. Et si, mes petits cochons, vous ne les aviez pas tous mangés, il y en aurait encore pour moi !

Elle se jeta sur les autres.

— C'est toi le gros cochon ! hurla Ning en se précipitant sur elle.

Jasmine attaqua Ning avec un fouet, Gene frappa Félanie à l'aide d'une lèchefrite et Mélanie couvrit la tête des pâtissiers avec son tablier avant de leur assener des coups de cuillère en bois.

Rose, affolée, se tourna vers Serge.

— Qu'est-ce qui s'est passé ? s'étrangla-t-elle. J'ai pourtant suivi la recette ! Pourquoi ils sont toujours dingues ?

Elle sortit la fiche et la relut en vitesse :

— Oh non ! « Dès lors, les villageois portèrent autour

du cou des pattes de lapin [...] afin d'être toujours en contact avec la fourrure d'un gentil petit lapin. »

— Ça va jamais marcher s'il faut qu'ils soient tous en contact avec ce lapin défoncé, dit Serge. Il n'y a pas assez de surface poilue.

Rose hocha la tête.

— Gene a dit qu'il avait une boîte de pattes de lapin porte-bonheur sous son lit, tu te souviens ? Ça devrait marcher. Il faut que j'aille les chercher !

Alors que Rose s'élançait vers l'escalier en colimaçon, Serge courut se planter devant elle et lui bloqua le passage.

— C'est trop dangereux. Ils te réduiraient en charpie, dit-il en s'aplatissant au sol. Seul un chat est en mesure d'accomplir cette mission. Laisse-moi m'en charger.

Sur ce, il dévala les marches comme une flèche, rasa les murs à toute allure et disparut dans le quartier des pâtissiers.

Cinq minutes plus tard, tandis que Rose commençait à craindre qu'il n'y ait des blessés graves parmi les pâtissiers, Serge surgit du dortoir. Il tenait dans sa gueule six pattes de lapin.

— Le chat vous apporte des Arcs-en-boule ! cria Rose du haut de l'escalier.

La réaction ne fut pas immédiate. Les pâtissiers continuèrent à se battre. Puis, l'un après l'autre, ils se séparèrent et demeurèrent allongés sur le sol, à bout de souffle, serrant chacun une patte de lapin entre leurs doigts pleins de sucre. Gene émit un rot si puissant que les casseroles vibrèrent sur la table voisine. Soudain, tous les pâtissiers se mirent à gémir.

Le chat était assis au milieu de la pièce. Il examinait les traces de glaçage sur son pelage.

— Rose, il va falloir que tu m'enlèves tout ce poison ! miaula-t-il, la tête levée vers la chambre vitrée. Je ne voudrais pas perdre le contrôle de mes griffes. Qui sait qui je pourrais blesser ?

— Je ne mangerai plus jamais ! s'écria Marge. Promis, juré ! C'est la dernière fois.

Soudain, les spots rouges s'allumèrent aux quatre coins du laboratoire et une sirène retentit. Rose s'élança dans l'escalier en colimaçon.

— M. Beurre arrive ! N'oubliez pas que vous êtes toujours sous le charme des Arcs-en-boule ! Il faut que vous fassiez semblant !

— Je ne peux pas ! couina Jasmine. Je ne pourrais même pas *faire semblant* de vouloir manger !

Les pâtissiers se couchèrent à plat ventre sur le sol comme des phoques prenant un bain de soleil sur un rocher.

— Les amis, s'il vous plaît ! supplia Rose. Si M. Beurre vous voit gémir et dire que vous ne voulez plus jamais manger d'Arcs-en-boule, il risque de faire du mal à mes parents ! Et à mon grand-père ! S'il vous plaît, levez-vous !

À cet instant, le monte-charge arriva à leur étage. Cette fois, il ne transportait pas la voiturette de golf mais deux jeunes garçons.

— Comment ça va, *mi hermana* ?

Les frères de Rose, Oliver et Origan, entrèrent dans le laboratoire.

9

Deux frères et un rongeur

Rose courut à la rencontre d'Oliver et d'Origan et les étreignit avec force. Manifestement gênés, ils lui tapotèrent la tête. Ils ne s'étaient pas fait de câlin depuis une éternité, pour ne pas dire jamais. C'était bizarre, et merveilleux. Rose ravala ses larmes.

— Qu'est-ce que vous faites là ? demanda-t-elle. Vous avez réussi à libérer papa et maman ? Où est Nini ?

Les épis rouges des cheveux d'Oliver se dressaient fièrement sur sa tête telle la crête d'un coq. Les joues rondes d'Origan, parsemées de taches de rousseur, brillaient comme deux petits globes. Les deux garçons croisèrent les bras sur leurs tee-shirts blancs identiques. Rose leur trouva un air angélique. Elle n'avait jamais été si heureuse de les voir.

— Et qui sont ces charmants jeunes gens ? demanda Marge.

Par inadvertance, elle laissa échapper un rot. Elle plaqua la main contre sa bouche.

— Je suis désolée. J'ai… mangé trop d'Arcs-en-boule.

Origan hocha la tête en direction de la sous-chef pâtissière :

— Ça arrive aux meilleurs d'entre nous.

— Marge, je vous présente mes frères, Oliver et Origan.

Rose fit un geste vers les pâtissiers allongés çà et là par terre.

— Et voici la cheville ouvrière de la Corporation des Véritables Petits Gâteaux. Alors, comment êtes-vous arrivés ici, tous les deux ?

— J'ai pris la voiture ! déclara Oliver, la main levée comme pour faire taire des applaudissements. La voiture de Mme Carlson. J'ai mon permis, comme tu sais.

— Elle ne voulait pas, précisa Origan. Alors on a attendu qu'elle regarde son feuilleton préféré.

— Celui avec le médecin militaire et sa grosse perruque, précisa Oliver, *Alliances et Trahisons*.

— Papa et maman étaient partis te chercher après que Jacques nous avait indiqué où tu étais, poursuivit Origan. Ils ne voulaient pas qu'on les accompagne, mais comme ils ne nous téléphonaient pas pour nous donner des nouvelles, on s'est dit que quelque chose ne tournait pas rond.

— Le monospace de Mme Carlson a au moins trente ans, ajouta Oliver. Pas facile à conduire, je dois avouer. Mais j'ai tout de même réussi à le maîtriser…

Origan chuchota :

— On a reculé dans un camion de livraison à une station-service.

— C'était calculé, affirma Oliver. Ça faisait partie de mon plan ! C'était un camion de livraison de la Corporation !

151

Origan afficha un grand sourire :

— Le chauffeur était très sympathique. Il m'a laissé explorer la cabine de son camion pendant qu'il faisait un constat à l'amiable avec Oliver. Après, on l'a suivi jusqu'ici.

— On est arrivés ce matin et on a attendu dehors jusqu'à ce qu'un autre camion cache la guérite des gardes de sécurité, reprit Oliver. On est entrés ni vu ni connu.

— Trop facile ! s'exclama Origan. Les gardes étaient en train de se gaver de gâteaux au chocolat fourrés à la guimauve et ils ne nous ont même pas remarqués.

— Oh, non ! s'affola Marge. On dirait qu'ils ont distribué tes nouvelles Tartelettes lunaires aux gardes, Rose.

— Mais comment vous avez su que j'étais dans ce bâtiment ? interrogea Rose.

— J'ai trouvé une carte, dit Origan.

Il sortit un carré de papier miteux de la poche arrière de son jean.

— Elle était dans la boîte à gants du camionneur.

C'était un plan de l'immense complexe de la Corporation. Chaque bâtiment était accompagné d'une légende : USINE DE TARTELETTES LUNAIRES, ATELIER DE LA CORPORATION, HÔTEL DU SAC À DOUILLE. Entouré d'un cercle, on pouvait lire : LABORATOIRE PRINCIPAL.

— D'après Jacques, le chat qui avait transmis le message de Serge avait mentionné un laboratoire, alors on est venus tout droit ici.

Origan replia la carte d'un geste net et précis avant de la glisser dans sa poche.

Rose les prit à nouveau dans ses bras.

— Bon, ça va ! s'écarta Oliver en levant les siens en l'air. Fais gaffe de pas me décoiffer !

— Mais qu'est-ce que tu fais là ? demanda Origan. Et où sont papa et maman ?

Rose relata toute l'histoire à ses frères : son kidnapping, la manière dont leurs parents et leur arrière-arrière-arrière-grand-père avaient été pris en otage, et le projet diabolique de M. Beurre et de la Société Internationale des Rouleaux à Pâtisseries pour asservir le pays entier grâce à leurs confiseries.

— Tout ça, c'est à cause de Lily, conclut Rose en sortant le livret de sa veste. Elle a utilisé *L'Apocryphe* pour perfectionner les recettes.

— Alors elle est venue ici après Paris ? demanda Origan. Elle est là ?

— Non, mais elle l'était avant le concours. Elle a caché *L'Apocryphe* et n'est pas revenue après sa défaite au Gala. Elle avait honte, sans doute.

— *Tia* Lily me déçoit beaucoup, déclara Oliver. Si elle avait terminé son travail, tu ne serais pas retenue prisonnière.

— Oliver, ce n'est pas la question ! s'énerva Rose. Nos concitoyens risquent de se transformer en zombies mangeurs de pâtisseries de la Corporation si on ne trouve pas un moyen de l'empêcher.

— On devrait aller libérer papa et maman, dit Origan. Eux sauront quoi faire.

— Attendons simplement la police, dit Rose, soulagée.

Ses frères étaient là. Ils allaient l'aider à sauver leurs parents – *d'une manière ou d'une autre*. Ces derniers jours avaient été mouvementés, mais c'était fini maintenant, tout allait entrer dans l'ordre.

— La police ? s'étonna Oliver. Elle est là aussi ?

Rose lui donna une tape sur le bras.

— Vous n'avez pas appelé les flics ?

— Pour leur dire quoi ? demanda Oliver. Qu'une souris avec un accent français nous a appris où tu étais ?

— Et alors, quel est le problème, *précisément** ? couina une petite voix.

Jacques s'extirpa de la poche du pantacourt kaki d'Origan et s'installa sur les boucles rousses désordonnées du garçon. Serge le salua d'une inclination de tête pleine de majesté.

À la vue du rongeur, les pâtissiers se mirent à hurler.

— Une souris ! beugla Marge.

— Tuez-la ! s'égosilla Jasmine.

— Donne un coup de poêle sur la tête du garçon, Gene ! ordonna Ning.

Gene se leva tant bien que mal et s'empara d'une poêle en fonte sur une étagère.

— Non ! cria Rose. Arrêtez ! C'est pas une souris ! C'est Jacques !

L'intéressé pointa le museau de derrière le fouillis de boucles.

— Me frappez pas avec une poêle ! implora Origan.

Rose se précipita sur Gene pour le calmer.

— Personne ne frappera personne. Gene, c'est notre ami Jacques. C'est une souris, d'accord… mais… c'est une gentille souris.

À cet instant, les spots rouges se rallumèrent et la sirène se remit à hurler. La voix onctueuse de M. Beurre résonna dans les haut-parleurs.

— Bonjour, chers pâtissiers ! Nous voici ! Vous avez intérêt à nous avoir préparé de beaux Arcs-en-boule !

La porte du monte-charge coulissa et la voiturette de golf émergea.

Rose poussa ses frères vers le quartier des pâtissiers.

— Ils arrivent ! Planquez-vous !

Elle se tourna vers les pâtissiers :

— Faites comme si vous étiez encore sous le charme des Arcs-en-boule ! Les mains sur vos pattes de lapin, dans la poche de vos tabliers !

Elle les aida à se remettre debout.

— Nettoyez-vous un peu ! ordonna-t-elle.

Mélanie, Félanie, Jasmine, Gene et Ning essuyèrent le devant de leurs uniformes, rajustèrent leurs toques et lissèrent du plat de la main leurs pantalons chiffonnés et maculés de farine, de glaçage et de chocolat.

Gene fit un clin d'œil à Rose.

Ils étaient peut-être dans un sale état, mais ils exaltaient. Rose lui sourit et se plaça en tête de l'équipe. Elle espérait qu'Oliver et Origan avaient eu la présence d'esprit de refermer la porte du quartier des pâtissiers derrière eux.

La trappe dans le sol s'ouvrit et la voiturette de golf entra dans le laboratoire. M. Beurre descendit du siège passager. Comme d'habitude, M. Kerr était au volant.

— Comment vont mes Arcs-en-boule ? *Rebondissants* ? demanda-t-il.

— Je vous aurais bien dit de constater par vous-même, déclara Rose, le bras tendu vers les pâtissiers, mais ces amateurs que vous m'avez fournis les ont tous dévorés.

Derrière elle, les pâtissiers se tapèrent mollement les uns les autres.

— J'en veux encore, gémit Marge. Mon estomac est un puits sans fond !

— Le mien est un trou noir ! grogna Ning.

— Le mien est un double trou noir ! hurla Mélanie.

— Tu veux dire un trou noir au carré, la corrigea Félanie.

— Je sais ce que je dis, s'époumona Mélanie. Et je vais dévorer TOUS les Arcs-en-boule !

— Ils en ont déjà avalé une douzaine chacun, chuchota Rose à M. Beurre avec un sourire complice. Je pensais que ce serait assez, mais j'ai sous-estimé leur gourmandise.

M. Beurre tapa dans ses mains, enchanté.

— Apparemment, cette recette fonctionne !

Rose se raidit. M. Beurre s'avançait vers les deux saladiers qui avaient contenu le mélange chocolaté.

— Mais vous pourrez certainement en faire davantage. Je vois qu'il y en a deux.

— On s'est trompés dans les proportions la première fois, expliqua Rose. Il a fallu qu'on rectifie le dosage des ingrédients. Le récipient de gauche est le bon.

M. Beurre trempa le doigt dans la pâte empoisonnée par la vieille sorcière, puis le lécha.

— Oh ! s'exclama-t-il. Oh ! Mais c'est… Je crois qu'il me faut goûter à nouveau.

Il tendit derechef l'index vers le saladier, puis, au dernier moment, décida d'y plonger les deux mains jusqu'aux poignets.

— Et pourtant j'ai horreur du sucre ! Je déteste ça !

Il leva ses mains couvertes de chocolat gluant vers sa bouche. M. Kerr hurla :

— Arrêtez tout de suite !

M. Beurre se figea et battit des paupières à toute vitesse.

— Qui ose me donner des ordres ?

M. Kerr se précipita vers l'évier et attrapa une cuvette d'eau savonneuse.

— Monsieur, vous devriez vous laver les mains.

— Mais je voudrais manger encore un peu de ce régal !

— Beurre, toussota M. Kerr. Ce n'est pas pour vous. Vous avez oublié ?

M. Beurre écarquilla les yeux et plongea les mains dans la bassine. Il les frotta jusqu'à ce qu'elles soient complètement débarrassées de toute trace de chocolat, puis, pour faire bonne mesure, s'immergea la tête et se frotta énergiquement la bouche. Lorsqu'il se redressa, des traînées de mousse dégoulinèrent de son crâne chauve.

— On a frôlé la catastrophe ! dit-il en recrachant des bulles de savon. Cet avant-goût me suffit pour déclarer que cette pâtisserie est divine ! Bravo, mademoiselle Bliss.

M. Beurre fit le tour de la cuisine. Derrière ses lunettes, ses petits yeux ronds s'agrandirent à nouveau.

— Vous avez un talent extraordinaire, mademoiselle Bliss. Je serais presque tenté de dire que vos recettes sont *trop* parfaites, mais je sais pourquoi nous sommes ici. Ah, ce que je vais pouvoir accomplir avec ces Arcs-en-boule…

Il s'arrêta, leva l'index et poussa un hurlement :

— Une souris !

10

La petite maison de la zone industrielle

Rose poussa un cri quand elle aperçut Jacques tapi dans un coin.

M. Beurre saisit une poêle et se précipita vers la souris pour l'écraser. Gene le pointa alors du doigt en criant :

— Il a des Arcs-en-boule !

Les pâtissiers ne firent ni une ni deux : ils sautèrent sur M. Beurre et Jacques s'enfuit à toutes pattes.

— Lâchez-moi, bande d'idiots ! grogna M. Beurre. Je n'ai pas d'Arcs-en-boule !

M. Kerr accourut à sa rescousse et repoussa les pâtissiers comme s'ils n'étaient rien d'autre que des tabliers creux. Il aida M. Beurre à se relever. Ce dernier épousseta son costume avec de grands gestes agacés.

— J'étais en train de *parler* des Arcs-en-boule. Je n'ai jamais dit que j'en *avais* !

— Oh, toutes mes excuses, répondit Gene, la mine piteuse.

Il se tourna vers Rose et haussa les épaules.

— Je ne veux pas voir d'autre souris dans cette cuisine,

décréta M. Beurre en essuyant ses lunettes pleines de traces graisseuses. Je sais que vous ne pouvez pas faire autrement que de tout salir, avec toutes ces bagarres déclenchées par les exquises pâtisseries de la Corporation – et je m'en réjouis. Mais vous savez que je tiens énormément à la propreté des lieux. Alors veillez à bien balayer toutes ces miettes.

— Bien sûr, dit Rose. Je suis vraiment désolée, cela ne se reproduira plus !

M. Beurre jeta un regard circulaire autour de la pièce et vit le bocal rouge craquelé qui avait contenu la vieille sorcière O' Brouillard.

— Je vois que vous allez avoir besoin d'une nouvelle sorcière O' Brouillard ?

Rose haussa les épaules.

— Je m'excuse, monsieur. Elle… était devenue incontrôlable.

M. Beurre éclata de rire :

— C'est toujours la même histoire ! On enverra une équipe au pays de Galles en attraper deux ou trois autres. Pas de problème.

— Monsieur Beurre, dit M. Kerr en tapotant sur sa montre, nous avons beaucoup de choses à faire. Ils vont bientôt arriver.

M. Beurre fit la moue, puis lui emboîta le pas.

— Bon, très bien. J'aurais aimé rester pour le thé, mais il faut qu'on s'éclipse, dit-il en repliant son long corps sur le siège passager de la voiturette de golf. Oh, Rose !

— Oui ? hésita-t-elle.

— Vous accomplissez de tels prodiges qu'on pourrait

peut-être envisager d'accélérer le mouvement ? Je parie que vous serez tout à fait en mesure de donner du punch à la numéro trois, les Beignets mini mignons, avant minuit ! Il est à peine sept heures !

— Je ne suis pas certaine…, commença Rose.

— Je suis sûr que vos parents apprécieront, ajouta-t-il avec un sourire diabolique tandis que la voiturette s'éloignait. Je reviendrai vous voir avant d'aller me coucher. Allez, au travail !

Les portes se refermèrent en silence. À l'unisson, la brigade au complet poussa un gros soupir. Toutes les épaules s'affaissèrent.

— Vous avez bien travaillé ! les félicita Rose.

Les pâtissiers souffraient manifestement d'indigestion.

Soudain, deux silhouettes émergèrent de l'immense réservoir à confettis en sucre placé contre le mur. L'une avait le crâne hérissé d'épis parsemés de pépites multicolores – Oliver. L'autre était Origan. Tous deux étaient recouverts des pieds à la tête de sucre couleur arc-en-ciel. Ils ôtèrent les confettis de leurs yeux et clignèrent des paupières.

— Pourquoi vous vous êtes pas cachés dans le quartier des pâtissiers comme je vous l'avais demandé ? leur reprocha Rose tandis que ses frères sortaient à grand-peine de la cuve, dégoulinant telles des créatures marécageuses.

— On n'a pas eu le temps, rétorqua Oliver.

— C'était pas si terrible de se planquer dans des confettis, dit Origan. On peut respirer à travers, tant qu'on ouvre pas trop grand la bouche. Mais faut pas inspirer par le nez !

Il posa un doigt sur une narine et expulsa une pluie de pépites par l'autre.

— Berk, Origan ! protesta Rose. Dépêchons-nous ! Il faut qu'on aille chercher maman, papa et Balthazar, et qu'on déguerpisse d'ici.

Elle plaça un peu de la pâte empoisonnée par la vieille sorcière O' Brouillard dans un moule à muffins et l'enfourna.

— Pourquoi tu fais ça ? s'étonna Oliver qui léchait le sucre coloré sur ses doigts.

— Comme ça, on aura une voiture.

Rose et ses frères descendirent au rez-de-chaussée par le monte-charge. Origan et Oliver apprirent à Rose qu'il y avait deux gardes à l'entrée.

— Ils n'étaient pas là avant, observa-t-elle.

Le fait que M. Beurre eût placé deux gardes devant le laboratoire n'aurait pas dû la surprendre, mais elle ne s'y attendait pas. Comment pouvait-elle croire qu'il la laisserait partir, avec sa famille, une fois qu'elle aurait amélioré les cinq recettes ?

— Les gardes ne sont pas très malins, ajouta Oliver.

— Comment vous avez fait pour passer devant eux ?

Il ouvrit la poche de son pantacourt.

— Jacques nous a aidés.

La petite souris sortit sa tête grise :

— *Oui**, j'ai risqué ma vie pour faire diversion. Je me suis mis dans un coin et je leur ai joué une sérénade sur ma flûte…

Rose imaginait la scène. La musique enchanteresse rasant le bitume de l'allée entre les deux bâtiments, et les gardes suivant la mélodie comme les rats le joueur de flûte de Hamelin.

— Mais ils n'ont pas vu Jacques, continua la souris. Une si grande musique, pensent-ils, peut seulement venir d'une grande personne ! Je leur ai joué un tour ! Ils n'ont pas pensé à chercher une souris. Mais même la plus petite des créatures peut être douée du plus immense des talents !

— C'est bien vrai, ça, mon petit Jacques, approuva Rose avec un sourire.

La souris fit la révérence.

— C'était le moins que je puisse faire.

Jacques les avait accompagnés au cas où ils auraient besoin de faire passer un message à Serge, resté avec les pâtissiers.

— Je dois rassembler mes forces, avait déclaré le chat.

— Tu vas piquer un roupillon, oui, avait rétorqué Origan.

— Cause toujours, avait ronronné le chat en s'étirant. C'est l'heure de la *siesta*.

Ils arrivèrent au rez-de-chaussée et la souris enfouit à nouveau la tête dans la poche. La large porte donnant sur l'extérieur coulissa vers le haut. Deux gardes en uniforme sombre, un homme et une femme, se tenaient chacun de part et d'autre. Ils aperçurent la voiturette de golf vide.

— Hé ! Vous deux ! les interpella Rose en agitant une main.

Dans l'autre, elle tenait un bol plein d'Arcs-en-boule.

— Par ici ! ajouta-t-elle.

L'homme, un grand blond qui ressemblait à un présentateur météo que Rose avait vu à la télé, s'avança, un sourire artificiel plaqué aux lèvres.

— Jeune fille, vous n'êtes pas autorisée à quitter le bâtiment ! C'est dangereux dans le coin !

Il fit quelques pas vers Rose, Oliver et Origan, les yeux rivés sur le saladier de gâteaux au chocolat.

Rose lui tendit un Arc-en-boule encore tout chaud.

— C'est juste qu'on en a trop fait. Alors comme on ne voulait pas les gâcher…

— Ces Arcs-en-boule ne sont pas réglementaires ! Où est le glaçage fluo ?

— On testait juste la garniture. Goûtez donc, dit Rose.

L'homme mit la friandise dans sa bouche et mâcha.

— Oh ! s'émerveilla-t-il. C'est incroyable !

Il continua de mastiquer. À chaque mouvement de sa mâchoire, ses yeux se voilaient davantage. Bientôt, on aurait dit qu'une couche de lait recouvrait ses iris.

— Vous aussi, goûtez, dit Rose en tendant le saladier à la femme.

— Volontiers ! s'exclama-t-elle avant de mordre dans un gâteau. Sen-sa-tion-nel !

Elle laissa sa langue pendre hors de sa bouche.

— Combien vous en avez ? interrogea-t-elle.

— Oui, dit l'homme en se rapprochant. Je vois que vous en avez encore.

Rose leva le saladier vers eux. Mais elle trébucha et le lâcha à la dernière seconde. Les Arcs-en-boule parfaitement ronds fendirent l'air avant de rouler sur le bitume dans toutes les directions.

— Oh non ! Les Arcs-en-boule ! gémit l'homme qui se mit à leur courir après.

— Ah ça non ! dit la femme en le plaquant au sol. Ils sont à moi !

Elle rampa sur lui, puis se lança à la poursuite des boules chocolatées en sanglotant :

— À moi, à moi, à moi !

Rose et ses frères se dirigèrent vers la voiturette de golf sur la pointe des pieds. Ils se laissèrent tomber sur les banquettes.

— Du gâteau ! clama Origan avec un grand sourire.

Rose l'ignora et consulta la carte. Elle montra l'hôtel en forme de poche à douille.

— C'est là que nous allons.

— C'est moi qui conduis, dit Oliver en tapotant la poche qui contenait son permis.

Rose guida Oliver et Origan à travers le hall de l'hôtel décoré de bouquets de bonbons et de biscuits.

— Je peux vous aider ? demanda le concierge, un ado tout maigre à peine plus âgé qu'Oliver.

— Non, merci, dit Rose.

— Est-ce vos invités, mademoiselle Bliss ?

— Ces deux-là ? répondit Rose en montrant Oliver et Origan. Euh… Ce sont des fans. Ils ont été envoyés par une association qui aide les enfants… qui ont des difficultés d'élocution. Ces enfants ont la chance de pouvoir passer une journée entière avec leur star favorite. M. Beurre ne vous a pas prévenu ? Je leur fais faire la visite guidée du complexe.

— Ah, d'accord, opina l'ado. Allez-y

— Qu'est-ce qu'on dit, les garçons ? s'écria Rose en se tournant vers ses frères.

Oliver et Origan émirent quelques grognements et cra-chèrent des sons gutturaux :

— Merkriiic !

— Sympa, Rose, vraiment, marmonna Origan tandis qu'ils se dirigeaient vers l'ascenseur.

— Je suis désolée. C'est tout ce qui m'est venu à l'esprit. Elle entra dans la cabine et appuya sur la touche 34.

— Demande d'autorisation. Veuillez insérer la clé, articula une voix de robot.

Rose examina le panneau de commande de l'ascen-seur. À côté du bouton 34, il y avait une petite fente métallique, en forme de rouleau à pâtisserie. Bien sûr, pensa-t-elle.

— Oh, non ! râla Oliver, qui fronça les sourcils. Et où est-ce qu'on va trouver la clé, *mi hermana* ?

Rose ne se rappelait pas avoir vu M. Beurre utiliser une clé. Mais elle avait le souvenir de son irritation lorsqu'elle avait montré du doigt la petite maison rouge au fond du complexe industriel.

— Je l'ignore, répliqua-t-elle. Mais j'ai une idée.

Après une demi-heure de route dans la voiturette de golf, le trio arriva enfin devant la petite maison rouge der-rière les usines.

La maisonnette semblait appartenir à un autre temps : une jolie barrière blanche entourait sa pelouse et un dra-peau flottait au-dessus du perron au doux rythme de quelques carillons. Deux fauteuils à bascule sur la véranda invitaient à la paresse.

— Qu'est-ce que c'est que cet endroit ? demanda Origan.

Rose indiqua le nom écrit au pochoir sur la boîte aux lettres : LA FAMILLE BEURRE.

— Je crois que c'est là qu'a grandi M. Beurre, chuchota-t-elle.

Elle guida Oliver et Origan, poussa la petite barrière blanche, remonta l'allée de brique bordée de parterres de fleurs et gravit les marches du perron. Les volets verts du salon étaient fermés, mais à travers, les traits de lumière de la fin d'après-midi dessinaient des rubans multicolores sur le tapis. Un gros fauteuil tendu de velours côtelé était placé à côté d'un piano poussiéreux. Un panier contenait un ouvrage de tricot entamé.

— On dirait un musée, murmura Origan.

— Le musée le plus ennuyeux du monde, ajouta Oliver.

Une photo encadrée était posée sur la cheminée. Sur le cliché aux couleurs passées, un homme et une femme coiffés de toques de chef entouraient un petit garçon tout rond avec les cheveux en brosse.

— Qui est-ce ? demanda Oliver.

— Ça doit être M. Beurre, supposa Rose.

— Ce grand extraterrestre chauve ? s'étonna Origan. Il a dû s'acheter un vélo d'appartement.

— Tu crois que la clé est ici, *mi hermana* ? dit Oliver.

— Je ne sais pas. Mais il doit y avoir *quelque chose* ici. M. Beurre a flippé quand je l'ai interrogé sur cette maison.

— Je me demande pourquoi elle est toujours là…, réfléchit Oliver. Si j'étais aussi riche que lui, je me ferais construire une immense villa. Un château assez grand pour moi, Katy Perry et tous les membres de son groupe.

L'escalier en bois craqua sous les pas de Rose. Ses frères la suivirent. Il y avait une salle de bains tapissée d'un papier peint à fleurs et des appliques murales craquelées, une chambre aux murs bleu pâle, avec une couette aux motifs marins sur le lit. Des maquettes d'avions pendaient au plafond.

Sur un bureau étaient disposés quelques pots de peinture séchés, un tas de maquettes de la Première Guerre mondiale à moitiés peintes et un carnet relié de cuir dont la couverture indiquait : JOURNAL INTIME.

Origan s'en empara.

— Victoire !

— Tu ne peux pas lire ça ! protesta Rose. C'est de l'espionnage !

— Rose, répliqua Oliver, la main posée sur l'épaule de sa sœur. Ce type t'a *kidnappée*, sans parler de nos parents. Je crois qu'on a le droit de lire son journal intime.

« Il n'a pas tort », pensa Rose en ouvrant le carnet à la première page. L'écriture était grosse et tremblante.

Journal de Jameson Beurre, troisième du nom, 10 ans.

Jour 1
J'ai trouvé ce vieux carnet dans la poubelle
de M. Sansibel. Je n'aime pas vraiment écrire,
mais maman dit qu'il ne faut rien gâcher, alors
je vais écrire tous les jours pour raconter ce qui se passe.
Aujourd'hui, grand-père a fait ses Fondants,
et papa et maman ont tenu la caisse de la pâtisserie.
Tout le monde en ville est venu en manger.

*Une nouvelle victoire pour la pâtisserie des Véritables
Petits Gâteaux ! Raymond Kerr m'a pincé le nez
à l'école encore une fois tout à l'heure, et quand
je suis rentré, je l'ai dit à maman et elle m'a donné
un Fondant mordant.*

— Super intéressant, marmonna Oliver, sarcastique.
Quand est-ce qu'il va nous parler des filles ?

Rose feuilleta le carnet.

*Jour 45
Raymond Kerr et le reste de la bande de Pine Ridge
m'ont volé ma salopette pendant que je me baignais
dans le lac et l'ont donnée à Polly Rainer.
Elle a crié et l'a laissée tomber en disant qu'elle puait.
Quand je suis sorti de l'eau, elle était pleine de terre
et de feuilles. Je suis rentré à la maison avec de la boue
dans mon pantalon. Quand je suis arrivé à la maison,
maman m'a grondé parce que j'avais mis de la terre
partout dans la pâtisserie. Je lui ai raconté
ce qui s'est passé, elle m'a donné trois Fondants mordants
et m'a dit de me calmer.*

— On dirait qu'il mangeait beaucoup de Fondants
mordants, commenta Rose.

— Vous savez qui doit aimer les Fondants mordants ?
fit Oliver.

Origan haussa les épaules :

— Qui ça ?

— Katy Perry, répondit Oliver, les yeux pleins d'étoiles.

Jour 162
Ma salopette est trop petite pour moi. Maman
m'a emmené au magasin pour en acheter une neuve.
Et bien sûr, Raymond Kerr était là. Il m'a appelé
Porcinet et m'a pincé le nez. J'ai versé une larme
et je me suis tourné vers maman, mais au lieu
de me caresser la tête ou de me prendre dans ses bras,
elle m'a fourré un Fondant mordant dans la bouche.

— Bon, d'accord, soupira Oliver. On dirait que les Fondants mordants l'ont rattrapé, de toute façon. Voyons ce qu'il y a plus loin. Raymond Kerr est un idiot, on a compris.

— Eh bah, il était pas très doué pour tenir un journal, fit observer Rose en lisant les dates. Deux années entières se résument à quelques lignes.

Elle leur montra une série de mots griffonnés :

13 ans : HORRIBLE.
14 ans : N'en parlons pas !
15 ans : J'ai grandi. C'est déjà quelque chose. Mais sinon ?
HORRIBLE.

Elle tourna encore quelques pages.

Jour 2920
Aujourd'hui, j'ai eu dix-huit ans. Quand papa
m'a demandé ce que je souhaitais comme cadeau,
je lui ai dit que je voulais que lui et grand-père
prennent leur retraite comme ça je pourrai reprendre

les rênes de la chaîne de pâtisseries que grand-père
a fondée. Papa et grand-père se satisfont de leurs seize
pâtisseries, ils n'ont aucune vision d'avenir. Peut-être
parce qu'ils ne mangent que leurs productions
et qu'ils sont aussi gros que je l'étais avant.
La semaine dernière, j'ai reçu un courrier d'un truc
qui s'appelle la Société Internationale des Rouleaux
à Pâtisserie. Apparemment, je suis le descendant
d'un célèbre pâtissier, Albatross Bliss. Je vais intégrer
leur Société et utiliser les connaissances qu'ils me
transmettront pour bâtir une immense entreprise
commerciale. Tous mes employés seront aussi petits
et ronds que je l'étais enfant, et je deviendrai si
puissant, je gagnerai tellement d'argent que Raymond
Kerr travaillera pour moi et se pliera à mes quatre
volontés. Ha ha ha ! Un jour, le monde sera à la merci
de la Corporation des Véritables Petits Gâteaux.
Tel est mon rêve.

— C'est tout, conclut Origan en refermant le journal.
C'est la fin. Eh ben dis donc !

— J'arrive pas à croire que M. Beurre est un descendant d'Albatross Bliss, s'écria Oliver. En quelque sorte, il
est un peu notre…

— Tais-toi, Oliver, le coupa Rose.

— … *famille*, compléta tout de même Origan.

— Mais alors… depuis tout ce temps, il se sert de la
magie ? demanda Oliver.

Rose secoua la tête.

— Je ne crois pas. Il en avait probablement envie, mais

il ne savait pas comment s'y prendre. Il n'avait à sa disposition que ces conservateurs qui décoiffent.

Rose repensa au Fondant mordant historique sous sa cloche de verre.

— Puis tante Lily s'est jointe à lui, ajouta-t-elle. Grâce à *L'Apocryphe*, elle a rendu les recettes de la Corporation extrêmement dangereuses.

La sinistre vérité provoqua un long silence que brisa soudain un coucou, coucou, coucou ! Rose tourna la tête. Une pendule à coucou ! Les aiguilles marquaient neuf heures ! M. Beurre avait dit qu'il reviendrait plus tard... et on était... *plus tard.*

— Oliver ! Origan ! s'écria Rose en jetant un coup d'œil paniqué par la fenêtre.

Elle sentit son estomac produire un drôle de gargouillis.

— On n'a pas trouvé de clé pour l'hôtel. Il va donc falloir perfectionner la recette des Beignets mini mignons *ce soir,* ou nos parents sont cuits !

11

*Les Beignets mini mignons
de la zombification*

R ose, Oliver et Origan retournèrent au laboratoire. Les pâtissiers avaient gentiment nettoyé. La salle était impeccable.

Les grands récipients où l'on remuait la pâte étaient couverts et remisés dans un coin. Les membres de la brigade discutaient autour des tables de préparation. Ning et Jasmine buvaient des expressos. Mélanie et Félanie se brossaient mutuellement les cheveux. Dans un coin, Serge, roulé en boule sur une pile de sacs de farine, faisait la sieste.

Marge fut la première à les voir.

— Vous revoilà ! Alors, vous avez trouvé vos parents ?

Oliver et Origan firent non de la tête.

— Il faut une clé pour l'ascenseur, soupira Rose. Et comme M. Beurre a dit qu'on devait perfectionner ces Beignets mini mignons avant d'aller se coucher, nous sommes revenus.

Elle sentit un choc mou contre son mollet. Elle baissa les yeux et vit les deux oreilles tombantes et la tête grise toute poilue de Serge. Elle s'accroupit et donna une tendre caresse au matou.

— Tu vas bien ? murmura-t-elle.

— Bien sûr, miaula le chat en s'étirant. Ces imbéciles m'ennuient, mais ça va. Vu l'urgence de la situation, j'ai renoncé à ma sieste pour me joindre à l'effort commun.

— Comment cela ?

— J'ai feuilleté *L'Apocryphe* et je crois avoir découvert la recette dont nous avons besoin, Rose.

Rose lui déposa un rapide baiser entre les oreilles.

— Bravo !

Elle se releva, épousseta ses genoux et retroussa les manches de la veste qui lui descendaient jusqu'au bout des doigts.

Marge tendit à Rose deux paquets de petits beignets.

— Voici les Beignets mini mignons de la chef.

Certains étaient saupoudrés de sucre : on aurait dit de la poussière de craie tombée d'un tableau noir. Une couche de chocolat cireuse décorait les autres. Toutes ces pâtisseries étaient aussi dures que des palets de hockey.

— Et voici la recette !

Marge tenait une fiche couleur crème couverte de la belle écriture à l'encre violette de Lily. La seule instruction magique qu'on pouvait y lire indiquait : « incorporer la *voix de Drimini* ».

Avant que quiconque puisse l'en empêcher, Origan attrapa un des petits gâteaux et croqua dedans. Il recracha immédiatement la bouchée.

— J'ai l'impression d'avoir mordu dans un caillou, grogna-t-il. Le goût en moins.

Rose donna une tape affectueuse sur l'épaule de son petit frère et se tourna vers Marge :

— Qu'est-ce qui cloche, à part qu'on croirait du ciment ?

— Rien, répondit Marge en s'essuyant le front de sa paume moite. Je les ai goûtés. J'en ai mangé plein ! Je n'ai ressenti aucun effet magique.

Rose tripota la fiche recette.

— Où est cet ingrédient, ce machin de Drimini ?

— La chef a utilisé ceci, indiqua Marge en désignant un bocal. C'est peut-être pour cette raison que les pâtisseries n'ont aucun effet. Le récipient est vide.

— Il se fait tard, soupira Origan. Je suis fatigué.

— C'est pas le moment de flancher, le gronda Rose. On a encore du pain sur la planche.

Serge sauta sur une table en inox et alla s'asseoir devant *L'Apocryphe*. Il tourna quelques pages.

— Voilà la recette dont Lily s'est inspirée, déclara-t-il.

MADELEINES DU MARIONNETTISTE :
Pour tirer les ficelles

En l'an 1932, dans le village de Montecastello, en Italie, l'infâme descendant d'Albatross Vesuvio D'Astuto confectionna un plein panier de madeleines qu'il offrit à son petit voisin Arlecchio pour ses quatre ans. Arlecchio et tous ses amis dévorèrent les friandises. Tous se transformèrent en véritables marionnettes, contrôlées par celui qui leur dit d'« obéir à sa voix ». L'infâme Vesuvio D'Astuto ordonna à ces garçons d'aller voler dans la poche des riches et de lui apporter l'argent pour son propre usage.

Rose sauta quelques paragraphes, à la recherche de l'ingrédient magique.

*Sir D'astuto imbiba la pâte de la **douce voix** de Grigory Drimini, le célèbre hypnotiseur.*

Rose compara la recette à celle de Lily.

— Pourquoi ça n'a pas marché ?

— Peut-être que c'est pas le bon Grigory Drimini ? supposa Origan.

Rose ouvrit le bocal et y colla l'oreille. Elle entendit une jolie voix de ténor chanter un air. Elle plissa les yeux pour lire l'étiquette. L'écriture était à moitié effacée, presque illisible, mais elle était certaine qu'elle indiquait : GRIGORY DRIMINI, MUSICIEN.

— Bien joué, Origan. Marge, avez-vous d'*autres* bocaux vides ?

Vingt minutes plus tard, le bon bocal avait été localisé, la voix du grand hypnotiseur Grigory Drimini incorporée à la pâte des Beignets mini mignons, et Rose sortait une plaque du four. Elle distribua une demi-douzaine de beignets aux pâtissiers.

Tout de suite, leurs regards se voilèrent. Ils se figèrent au garde-à-vous.

— Dis-leur de faire quelque chose ! s'exclama Origan, ravi. Fais-les danser. Fais-les danser « Gangnam Style » !

Rose ne voulait pas abuser de la situation, mais la

journée avait été longue et… une petite danse ne pouvait pas leur faire de mal, n'est-ce pas ?

— Obéissez à ma voix ! ordonna-t-elle aux pâtissiers.

Les six employés fixèrent sur elle leurs regards inexpressifs.

— Heu… Tendez les bras devant vous.

Comme mus par des ficelles invisibles, les pâtissiers levèrent les bras.

— Cool, *mi hermana*, dit Oliver, impressionné.

Rose réfléchit un moment avant de se rappeler le mouvement suivant.

— Croisez les poignets, dit-elle, et les pâtissiers obéirent. Maintenant, faites comme si vous étiez sur un cheval invisible et tirez sur les rênes.

Les pâtissiers se mirent à agiter leurs mains de haut en bas. Certains faisaient bouger le bras entier, d'autres seulement le poignet.

— T'as oublié les mouvements des jambes ! protesta Origan, qui se dandinait sur place.

— C'est vraiment horrible, dit Rose.

— Ma foi oui, acquiesça Oliver, les sourcils froncés. C'est les pires danseurs du monde. Ils ont aucun rythme, ils sont plus nuls que papa.

— Allez ! lança Origan. La danse ne s'arrête pas là !

Il leva le bras droit en l'air et se mit à agiter un lasso imaginaire.

— Non, dit Rose, je ne parle pas de ça. C'est horrible que M. Beurre soit en train d'essayer de transformer tout le pays en une armée de zombies mangeurs des Véritables Petits Gâteaux de sa Corporation.

Oliver se gratta la tête.

— Ouais. C'est pas cool non plus.

Les pâtissiers continuaient de jeter leurs mains d'avant en arrière.

— Assez ! dit Rose. Arrêtez !

Les six employés s'immobilisèrent, les bras tendus.

Rose se pencha pour chuchoter à l'oreille de Serge :

— Serge, c'est quoi l'ingrédient pour l'antidote ?

Le chat tourna la page et posa la patte sur la dernière ligne.

— Ah, dit Rose à Origan et à Oliver. On a besoin d'un truc qui s'appelle des Capsules de temps.

Elle se tourna vers la Marge-zombie qui se tenait les bras tendus, prête à recevoir des instructions.

— Marge, est-ce qu'on a un bocal rouge avec des Capsules de temps ?

— Non, nous n'en avons pas, débita Marge d'une voix monocorde, le regard vide.

— Bon, je sais où on peut s'en procurer. Peut-être qu'ils auront une clé de l'hôtel aussi là-bas. Oliver, Origan et moi allons sortir. Restez tous ici, ordonna Rose aux pâtissiers immobiles. Baissez les bras et détendez-vous.

Ils s'exécutèrent. Mais ils avaient toujours l'air étrange.

Rose s'adressa à Serge et à Jacques :

— Vous deux, vous êtes responsables de ce qui se passe ici pendant notre absence.

Serge et Jacques échangèrent un regard, la mine espiègle – du moins, aussi espiègle qu'un chat scottish fold et une souris française peuvent l'avoir.

— Ne leur faites rien faire d'idiot, dit Rose. Ils sont entre vos… pattes.

Un orage éclata tandis qu'Oliver conduisait Origan et Rose vers l'atelier-entrepôt en forme de pièce montée qui abritait les bocaux rouges.

Oliver rabattit son tee-shirt au-dessus de sa tête pour protéger ses magnifiques épis roux. Origan et Rose se blottirent l'un contre l'autre sous l'auvent de la voiturette de golf. D'énormes nuages violets chargés d'électricité tourbillonnaient dans le ciel sombre, d'où fusait parfois un éclair. Un épais rideau de grosses gouttes d'eau glacée s'abattit sur eux.

Ils dépassèrent les bureaux du département de marketing qui commençaient à s'éteindre, puis le bâtiment de graphisme déjà désert. Ils ralentirent à l'approche de l'atelier-entrepôt. Les allées étaient encombrées de plusieurs rangées de limousines noires et brillantes et de voitures de sport rouges.

— Qu'est-ce qui se passe ? demanda Origan.

— C'est pourtant un entrepôt pour ingrédients magiques, dit Rose, étonnée de voir la façade aussi illuminée qu'un musée en pleine nuit. Je ne sais pas pourquoi il y a autant de monde.

Un luxueux tapis rouge menait à l'entrée. Des centaines d'hommes et de femmes en toque de chef, tablier et veste immaculés franchissaient la grande porte.

Au-dessus, deux immenses bannières portaient le logo que Rose avait vu sur les fiches de Lily. Une autre banderole couleur crème, accrochée au deuxième étage du bâtiment, indiquait : CONFÉRENCE ANNUELLE.

— Oh ! chuchota Rose. Ça doit être une réunion de la Société Internationale des Rouleaux à Pâtisserie !

— Tante Lily n'en fait-elle pas partie ? demanda Oliver. Tu crois qu'elle est là ? Pouah ! Rien que de penser à elle, ça me donne des frissons d'horreur, malgré son look du tonnerre.

— Je pense qu'elle ne remettra jamais les pieds ici. Elle a disparu après avoir perdu le Gala. C'est pour ça qu'ils m'ont kidnappée. Et même si elle pointe son nez, on fera avec. Il nous faut ces Capsules de temps, ou les pâtissiers resteront des zombies. Et nous avons besoin de la clé pour le trente-quatrième étage de l'hôtel. Je crois qu'on trouvera les deux dans ce bâtiment.

— Allez, grand frère ! s'exclama Origan. Tu veux pas entendre leur plan diabolique ?

— Je ne sais pas si j'en ai envie, répliqua Oliver, les bras croisés et le visage levé vers le ciel noir où tournoyaient les nuages. Mais je veux pas rester ici sous l'orage, alors j'ai pas le choix. Cette pluie est en train de bousiller ma coiffure.

Rose et ses frères mirent des toques de chef et se mêlèrent à la foule qui se pressait aux portes et dans l'entrée.

L'atelier était décoré de somptueux arrangements floraux à base de bonbons et de cupcakes. Une machine à donuts géante trônait au centre de la pièce. Le public regardait frire les petits cercles de pâte ornés de jolis trous ronds, qui étaient ensuite soulevés hors de l'huile bouillante par des pinces mécaniques, envoyés sur un tapis roulant, puis recouverts de chocolats, de pépites, de sucre en poudre, pour enfin être disposés sur un plat.

Une scène et une estrade avaient étés montées devant le tableau de bord. M. Méchanico et les ouvriers casqués avaient disparu, mais les cinq étages de bocaux rouges scintillaient sous les projecteurs.

Rose tira Oliver et Origan à travers la cohue vers une rampe circulaire qui s'élevait au milieu de la cour centrale. Cette portion de la pièce n'était pas éclairée. L'obscurité leur permit d'atteindre le deuxième étage sans se faire remarquer. Ils se faufilèrent jusqu'en haut du bâtiment sur la pointe des pieds, sans cesser d'observer la foule au-dessous d'eux dans le hall.

Une femme de haute taille vêtue d'une robe violette à paillettes et de gants de satin blanc monta sur la scène. Elle avait de longs cheveux ondulés et noirs, à l'exception de deux mèches blanches qui lui encadraient le visage. Elle se pencha et sortit un rouleau à pâtisserie doré de sous l'estrade. Aussitôt, le silence se fit dans la salle.

Un écran de projection géant descendit du plafond. En lettres énormes, on lisait : SOCIÉTÉ INTERNATIONALE DES ROULEAUX À PÂTISSERIE.

— Bonsoir.

La femme avait une voix grave teintée d'un accent si prononcé que chacune de ses voyelles s'étirait comme un morceau de caramel mou.

— Je m'appelle Eva Sarkissian, je suis votre présidente !

Un tonnerre d'applaudissements retentit.

— Merci. Nous avons décidé que notre réunion annuelle aurait lieu ici, au siège de la Corporation des Véritables Petits Gâteaux, car c'est l'entreprise qui a servi au mieux nos intérêts cette année.

La foule applaudit de nouveau et poussa des vivats enthousiastes.

— La Corporation, sous la direction d'un de ses membres éminents, Jameson Beurre, a accompli un pas de géant en ce qui concerne la confection de pâtisseries irrésistibles autant pour les adultes, les enfants, que pour les personnes âgées… et même pour les bébés ! Qui est le responsable des caries ?

— Nous ! hurla la foule.

— De l'obésité ?

— Nous !

— Du diabète ?

— Nous ! Nous ! Nous !

Applaudissements et sanglots d'émotion s'élevèrent dans la foule. Certains hommes inclinèrent le buste, des femmes firent la révérence.

— Dans toute l'histoire des États-Unis, personne n'a autant fait pour notre cause que M. Jameson Beurre, poursuivit Eva Sarkissian. Grâce au soutien en sous-main de la Corporation des Véritables Petits Gâteaux, nous avons obtenu que la Chambre des représentants vote la loi sur la Protection des Pâtisseries à Grande Échelle !

Rose poussa un petit cri d'horreur.

— Bien sûr ! La Société est derrière cette loi absurde !

— Chhhhhhut ! fit Oliver.

— Grâce à cette loi, continua Eva, nous avons éliminé

181

la concurrence. Nos agents, dont la Corporation des Véritables Petits Gâteaux, n'ont plus à se battre contre les petites pâtisseries pour atteindre les papilles de nos concitoyens.

La foule poussa un rugissement approbateur.

— Rectification, reprit Eva plus bas. *Presque* tous nos concurrents sont hors jeu. Une *seule* autre pâtisserie de plus de mille employés est encore en activité. Elle se dresse en travers du chemin de la Corporation et s'oppose à notre ambition de régner en maîtres absolus sur la nation. Je parle, bien entendu, de cette traîtresse, Mimie Brossard.

Un chœur assourdissant de bouh ! monta de l'assistance alors que la silhouette de dessin animé de Mimie Brossard s'affichait sur l'écran : une femme pleine d'entrain aux joues rouges et aux courts cheveux blonds. Elle tenait une tarte aux fruits toute chaude et arborait un tablier bleu.

— Personne ne sait à quoi ressemble la véritable Madame Brossard, déclara Eva, mais nous connaissons ses produits, n'est-ce pas ? Le Cake Brossard est soi-disant confectionné à base d'ingrédients naturels par un réseau de petites pâtisseries. Elle a une clientèle fidèle, et ses gâteaux sont bons pour la santé.

— Je croyais que Mimie Brossard était juste une autre grosse usine, chuchota Rose à ses frères. J'ignorais qu'elle faisait appel à de petites structures.

Eva leva le rouleau à pâtisserie doré comme un sceptre.

— Pour en savoir plus sur le problème que nous posent Mimie Brossard et ses pâtisseries diaboliquement saines, je donne la parole à notre hôte, M. Jameson Beurre.

M. Beurre monta sur l'estrade et Eva lui tendit le rouleau à pâtisserie doré. Le public applaudit.

— Comme vous le savez, nous venons de passer ces six derniers mois à perfectionner nos cinq recettes phares, commença M. Beurre en redressant le carré de soie blanc dans la poche de sa veste de smoking noir impeccable. La Corporation a brièvement employé Lily la Fée, une des seules chefs pâtissières à même de maîtriser les recettes maléfiques contenues dans le légendaire *Livre de recettes des Bliss*. Malheureusement, après sa surprenante et navrante défaite au Gala des Grand Gâteaux Géants l'année dernière, elle a choisi de ne pas revenir travailler pour nous.

Il se racla la gorge avant de poursuivre :

— Elle a disparu, emportant avec elle les connaissances dont nous avons pourtant désespérément besoin. Mais au Gala, nous avons remarqué une autre pâtissière qui possède une compréhension étonnante des principes magiques de la cuisine. Elle a généreusement accepté de nous aider. Grâce à ses efforts, dans trois jours, nous aurons accompli l'impossible ! Cinq recettes addictives ! Et grâce à la loi sur la Protection des Pâtisseries à Grande Échelle, il n'y aura aucune autre pâtisserie sur le marché ! Rien ni personne ne pourra nous arrêter !

— Bravo ! vociféra un homme qui ressemblait de manière suspecte à un célèbre chanteur d'opéra.

— Personne, à part Mimie Brossard, toussota M. Beurre en remontant ses lunettes sur son long nez. Cependant, nous avons un plan pour nous débarrasser d'elle. Elle a accepté de venir visiter notre usine dans trois jours pour une conférence de presse. Nous allons goûter nos pâtisseries respectives pour sceller notre amitié… la première cliente à goûter nos petits gâteaux parfaits sera donc Mimie Brossard elle-même !

Un brouhaha s'éleva de la salle.

— Une fois qu'elle aura ingéré nos sucreries, expliqua M. Beurre, elle sera transformée en un zombie accro à nos Véritables Petits Gâteaux ! Nous nous emparerons de son entreprise. Il ne nous restera plus qu'à la détruire !

L'assistance se déchaîna. Rose était épouvantée.

— Oh, non ! Il faut qu'on prévienne Mimie Brossard !

— Je croyais que tu avais dit qu'elle n'existait pas ! lui souffla Oliver. Et tu nous as dit aussi que tu ne ferais pas sa pub parce que son entreprise était dirigée par un groupe d'hommes d'affaires !

— Je me suis trompée ! Si elle existe vraiment, il faut qu'on la sauve, ou on se retrouvera seuls face à la Corporation.

Sur la scène, M. Beurre rendit le rouleau à pâtisserie doré à Eva Sarkissian, qui lissa sa robe à paillettes.

— Ce soir, Jameson a la générosité de nous inviter à visiter son atelier où il a récemment entreposé tous les ingrédients magiques utilisés dans *L'Apocryphe d'Albatross*. Veuillez vous avancer vers la rampe qui mène en haut du bâtiment, la visite va commencer.

Des bavardages joyeux emplirent la salle et la foule entreprit de grimper la pente, vers Rose, Oliver et Origan, toujours accroupis au deuxième étage. M. Beurre et Eva Sarkissian marchaient en tête.

— Il faut qu'on décampe ! dit Origan.

— Mais où ? souffla Oliver.

— La seule chose qu'il nous reste à faire, c'est de monter, conclut Rose en entraînant ses frères.

Ils foncèrent jusqu'au dernier étage où un petit couloir menait à trois portes. L'une était celle des toilettes, l'autre indiquait : RÉSERVÉ AUX EMPLOYÉS DE L'ATELIER, et la troisième disait : TROUS DE DONUTS.

— Tu crois que c'est quoi ? demanda Oliver.

— Sûrement pas ce qui est marqué, répondit Rose, la main sur la poignée. Qui garderait la pâte des trous de donuts ?

Elle ouvrit brutalement la porte et une avalanche de petites boules de pâte frite sucrée la plaqua contre le mur. Si elle ne s'était pas agrippée à la poignée, et Oliver à sa main, et Origan à la jambe d'Oliver, ils auraient été emportés tous les trois.

Des milliers et des milliers de petites boules à la vanille, au chocolat et aux fruits déferlèrent par la porte en un flot incessant. Certaines étaient nature, d'autres recouvertes de glaçage, d'autres encore parsemées de sucre glace. Elles dévalèrent la rampe avec un bruit de tonnerre qui n'était pas sans rappeler le fracas des chutes du Niagara.

— Tiens bon ! hurla Rose qui sentait Oliver lâcher prise.

Sa main glissa et il se rattrapa à la ceinture de son tablier.

Au bout de cinq minutes, le torrent de trous de donuts n'était plus qu'un ruisselet qui leur arrivait aux chevilles. Ils purent enfin se relever.

— C'est incroyable qu'il y en ait autant, commenta

Rose. Et pourquoi ils étaient tous empilés derrière une porte ?

— Peu importe le pourquoi, marmonna Origan. Ils sont là, point !

Il happa au vol une boule sucrée et se la fourra dans la bouche.

— Non, ne mange pas ça ! s'écria Rose.

— Et pourquoi on ne peut pas en manger, *mi hermana* ? demanda Oliver.

— Parce qu'ils doivent être archi vieux.

Origan mâcha puis se lécha les lèvres.

— Mmm ! Ils ont le même goût que si on les avait faits hier !

— Le pouvoir des conservateurs, expliqua Rose à son frère qui en fourra une bonne poignée dans les poches de son pantacourt. Origan ! s'exclama-t-elle en repensant au réservoir à conservateurs dans la cuisine. Arrête ! Tu ne peux pas manger ça !

— Mais j'ai super faim, glapit Origan, la bouche pleine de petites boules frites. On n'a pas mangé de vrai repas depuis des jours. Tu connais la cuisine de Mme Carlson !

— *Es la verdad, mi hermana*, dit Oliver. Ça veut dire : « C'est vrai, sœur. »

M. Beurre, Eva Sarkissian et le reste de la Société Internationale des Rouleaux à Pâtisserie qui montaient le long de la rampe entendirent l'avalanche de boulettes avant de la voir.

— Qu'est-ce que c'est que ce grondement de tsunami ? chanta le ténor.

Trop tard.

La foule était trop dense et la rampe trop étroite. Les trous de donuts remplissaient l'espace d'un mur à l'autre, au niveau de leurs poitrines.

— *Mamma mia !* vociféra le chanteur d'opéra avant d'être enseveli par le flot.

Les membres de la Société disparurent à grands cris sous le déluge et glissèrent jusqu'au bas de la rampe.

Du dernier étage, Rose, Oliver et Origan jetèrent un regard en contrebas. Une mer tumultueuse d'invités et de boulettes frites inondait le rez-de-chaussée.

— Que c'est embarrassant ! cria quelqu'un.

— Comme c'est délicieux ! s'exclama un autre, la bouche pleine.

— Venez, fit Rose, inquiète pour ses parents. Il n'y a pas de temps à perdre.

Elle entraîna ses frères et poussa la porte qui indiquait : RÉSERVÉ AUX EMPLOYÉS DE L'ATELIER.

— Il faut qu'on trouve les Capsules de temps avant que M. Beurre nous surprenne.

12
À vol d'écureuil

Par chance, la porte de l'atelier était ouverte. Rose poussa ses frères dans la salle obscure, se glissa à l'intérieur et ferma le verrou derrière elle. La seule lumière émanait des boutons de commande rouges sur le tableau de bord et des éclairs intermittents qui se découpaient sur le ciel visible à travers une lucarne au ras de toit.

Assourdie par le martèlement incessant de la pluie sur les tuiles et le bourdonnement de la salle de contrôle, elle vit surgir comme de nulle part la silhouette de pieuvre de M. Méchanico. Ses yeux jetaient des lueurs rouges inquiétantes et il flottait au-dessus du sol.

Le robot se rapprocha de Rose et de ses frères.

— Chef Bliss. Bonsoir, dit-il d'une voix à l'onctuosité étrangement humaine.

Il fit onduler ses huit bras articulés qui cliquetèrent en cadence.

— C'est quoi, ce bidule ? demanda Origan.

— Je pourrais vous retourner la question. Je me présente : M. Méchanico. Responsable de l'acquisition et de l'organisation des bocaux rouges à l'atelier central. À qui ai-je l'honneur ?

Origan se racla la gorge et prit un accent germanique prononcé :

— Nous sommes les ambassadeurs allemands de la Société Internationale des Rouleaux à Pâtisserie. J'ai demandé à la chef Bliss de nous faire faire une visite guidée privée de cet atelier.

— Bien sûr, répondit M. Méchanico dont les yeux luisants analysaient la coiffure en épis d'Oliver et le panta-court d'Origan. Si je suis un peu désorienté, c'est que vous êtes tous deux habillés comme des employés subalternes d'un country club.

La pieuvre mécanique se tourna vers Rose :

— Chef Bliss, comment puis-je vous aider ce soir ?

Rose était sur le point de lui réclamer des Capsules de temps, quand M. Méchanico ajouta :

— Vous êtes en train de perfectionner les Beignets mini mignons, n'est-ce pas ?

— C'est exact, acquiesça Rose qui réfléchissait à toute vitesse.

M. Méchanico en savait déjà trop à propos des recettes qu'elle était en train de modifier. Si Rose lui demandait de but en blanc des Capsules de temps, il risquerait de soupçonner qu'elle préparait un antidote. Il fallait détourner son attention.

— Je vous écoute ? dit-il d'une voix monocorde en flottant plus près du sol. Dites-moi de quel ingrédient vous avez besoin et j'irai vous le chercher. Je vous aiderai également à calculer les proportions exactes pour votre recette.

Rose faisait tourner ses petites cellules grises à cent à l'heure.

— J'ai besoin de…

Sous quel prétexte allait-elle pouvoir envoyer cet assistant-robot se faire voir ailleurs ? Un éclair bleu illumina la pièce. L'orage grondait toujours.

— Des éclairs, monsieur Méchanico. J'ai besoin d'éclairs.

— Un choix très ambitieux, approuva le robot dont la prunelle vira au rouge foncé. Aucun problème. Je peux vous obtenir des éclairs tout frais à la minute.

Il leva un de ses huit bras tentaculaires dont l'extrémité pointue s'alluma en même temps qu'un sifflement strident s'échappait de la grille métallique sous ses yeux.

— Au boulot ! s'écria-t-il.

Des fentes s'ouvrirent dans le mur et cinq autres robots-pieuvres entrèrent en flottant dans la pièce. Étonnée de voir que M. Méchanico ne lui posait plus de questions, Rose se dirigea à pas lents vers les rangées de bocaux rouges. Elle balaya les étiquettes des yeux. REGARD DE BASILIC, CŒUR DE COMÈTE, CHENILLE DE L'AMOUR, GROS ORTEIL DE LA DESTRUCTION.

« Berk ! J'ai sûrement pas envie d'utiliser *ça*. »

— Vous avez une grande collection ! le complimenta-t-elle.

— La plus grande au monde, s'enorgueillit M. Méchanico.

Le robot se dirigea vers un tableau de commande. Les gros boutons portaient des étiquettes : LANCEMENT DE FUSÉE, PORTAIL DE DÉFENESTRATION, RÉINITIALISATION

DE L'ARMEMENT et COMPTE À REBOURS. Autour de lui, les autres robots se mouvaient à ras du sol, comme s'ils étaient suspendus à des fils invisibles.

— Il sont trop nombreux, *mi hermana*, chuchota Oliver en lui agrippant le bras. S'ils se retournent contre nous…

— Chhhut !!! dit Rose en se libérant de la poigne fraternelle. J'ai une idée. Enfin… plus ou moins.

Elle continua de lire les étiquettes sur la rangée de bocaux. Mais où étaient ces Capsules de temps ?

TEMPS DE LA DÉSOLATION, indiquait un bocal. À l'intérieur, il y avait un homme pas plus gros que son poing qui pleurait, le visage plongé dans ses mains. ÉCUREUILS PLANEURS, lut-elle sur des bocaux où reposaient des petites boules de poil. ÉCAILLES DE KRAKEN, déchiffra-t-elle sur le suivant, mais tout ce qu'elle voyait, c'était un poing plein de griffes qui s'ouvrait et se refermait sans interruption. Elle frissonna et passa à la suite.

M. Méchanico appuya soudain sur un cinquième bouton du tableau de commande : RÉCOLTE D'ÉLECTRICITÉ. Rose s'arrêta net lorsqu'un bruit strident emplit la pièce : treize longues tiges en métal descendirent d'un cercle métallique qui entourait la verrière au-dessus de leurs têtes. Au même instant, treize antennes s'élevèrent à l'extérieur.

M. Méchanico et les cinq autres robots-pieuvres rassemblèrent les bocaux rouges – deux pour chacun, trois pour M. Méchanico. Ils flottèrent jusqu'à former un vague cercle autour du point de convergence des treize antennes et levèrent les bocaux ouverts.

— Ça va prendre un peu de temps, prévint-il.

— C'est très euh… gentil à vous, déclara Rose.

Oliver lui lança un regard, l'air de dire : « Mais qu'est-ce que les éclairs ont à voir avec les Capsules de temps ? »

— Aucun problème, répondit M. Méchanico. Justement, nous étions presque en rupture de stock.

Oliver fit un bond en arrière, le doigt pointé sur Rose.

— Ouah ! Tes cheveux ! Ils sont dressés tout droit sur ta tête !

— C'est vrai ? s'étonna Rose.

Les cheveux d'Oliver avaient l'air normaux. Il faut dire que ses épis tenaient le choc. Rose aperçut son reflet dans la vitre à peine éclairée au-dessus d'eux. En effet, ses cheveux étaient hérissés comme une aigrette de pissenlit. Super bizarre.

Origan était en train d'explorer les classeurs à tiroirs disposés autour de la pièce. Il en tira une paire de gants blancs, renforcés de petites plaques en métal au niveau des articulations, et qui s'étiraient de manière à envelopper l'avant-bras. Le mot MAÎTRE se détachait, inscrit en gras et en noir.

— Qu'est-ce que c'est que ça ? demanda-t-il en refermant le tiroir.

Soudain, une énorme étincelle jaillit.

— Aïe ! s'écria Origan en titubant en arrière. Ce tiroir m'a électrocuté !

— Ce n'est qu'un peu d'électricité statique, expliqua M. Méchanico. Aucune inquiétude à avoir, monsieur l'ambassadeur. Cela arrive toujours lorsque nous récoltons des éclairs.

— Euh… oui, dit Origan en se frottant la poitrine. C'est moi, l'ambassadeur.

Il émit un rire guttural et après avoir fourré les gants dans sa poche, alla rejoindre son frère et sa sœur en traînant volontairement des pieds. Il tendit un doigt vers Rose, s'arrêtant à quelques centimètres d'elle. Un ruban d'une vive lumière bleue s'échappa de sa main et alla frapper l'épaule de Rose.

— Aïe ! cria-t-elle en reculant. Arrête !

— Calme-toi, *mi hermana*. Je veux dire, *meine Schwester*, dit Origan en se rappelant son origine teutonne. Ce n'est que de l'électricité statique.

Il frotta ses pieds contre la moquette industrielle bleue, puis pointa son index chargé d'électricité vers Oliver. Un mini-éclair fit vaciller la forêt d'épis.

— Ouille ! protesta Oliver en tombant par terre. Attention à ma coiffure !

Origan se mit à ricaner comme un sorcier maléfique, frotta à nouveau ses pieds et pointa sa main électrifiée vers M. Méchanico et les autres robots-pieuvres. M. Méchanico comprit de quoi il retournait quand il vit l'arc de lumière jaillir du doigt d'Origan.

— Non, pas ça ! s'exclama-t-il. Pas pendant qu'on récolte des éclairs. La concentration d'électricité peut être dangereuse…

Trop tard.

Le rayon d'électricité crépita sur le doigt d'Origan et fonça droit vers le cercle de robots, enveloppant M. Méchanico d'un filet bleu vif avant de se diviser pour aller frapper les autres robots-pieuvres.

— Arrêtez ! supplia M. Méchanico d'une voix qui montait dans les aigus. Arrêtez ! Arrêtez ! Arrêtez ! Arrêtez !

Bientôt, sa voix ne fut plus qu'un faible couinement.

Les six robots basculèrent à la renverse et s'écrasèrent au sol où ils formèrent des tas de métal tordu. Une volute de fumée s'éleva des débris. Ils exhalèrent un long cri strident – un peu comme le sifflement d'une bouilloire.

— Origan ! gronda Rose. T'as cassé les robots !

— Oups. Je crois bien que oui. Mais attends ! Peut-être pas !

Origan fouilla dans sa poche pour récupérer les gants blancs.

— Peut-être que c'est *ça* qui les contrôle !

Après les avoir enfilés, il agita les bras à la façon d'un chef d'orchestre.

— Levez-vous d'entre les morts ! psalmodia-t-il d'une voix d'outre-tombe. Oh ! Mon armée de robots ! Ressuscitez !

Il décrivit de grands cercles avec ses bras, mais les robots continuaient de fumer et de grésiller. Des câbles explosaient, saillant de leurs tentacules tels des os brisés.

— Ça n'a pas l'air de marcher, frérot, dit Oliver.

— Alors ils servent à rien, grogna Origan.

Il retira les gants, les chiffonna et les fourra dans une des nombreuses poches de son pantacourt.

À cet instant, on frappa bruyamment à la porte.

— Monsieur Méchanico ? appela une voix.

Rose reconnut les intonations mielleuses de M. Beurre.

— Auriez-vous ouvert le portail des trous de donuts ?

Rose et ses frères s'immobilisèrent, les yeux braqués sur la porte verrouillée.

M. Beurre frappa encore plus fort.

— Monsieur Méchanico ! insista-t-il. Pourquoi avez-vous fermé à clé ? Vous savez bien que vous n'y êtes pas autorisé !

— Filons ! chuchota Rose.

— Mais on n'a pas trouvé les Capsules de temps ! souffla Oliver, paniqué. N'est-ce pas pour ça qu'on est venus ?

— Si, mais il est trop tard. Il faut qu'on parte. *Tout de suite.*

Elle appuya sur le bouton PORTAIL DE DÉFENESTRATION. Comme elle l'avait espéré, la grande fenêtre panoramique semblable à celle d'une salle de commande de vaisseau spatial coulissa. Un vent froid et humide s'engouffra, qui chassa l'horrible odeur de cramé que dégageaient les robots détruits.

Rose tendit un bocal rouge à chacun de ses frères. On aurait dit qu'ils contenaient des bébés rongeurs.

— Qu'est-ce que c'est ?

Rose sortit avec précaution un animal de son bocal et se dirigea vers la fenêtre.

— Des Écureuils planeurs.

— Attends, *mi hermana*, s'écria Oliver. Tu veux qu'on saute par la fenêtre et qu'on s'envole grâce aux ailes de ces mini rongeurs ? Ils ne sont pas plus grands que des cartes à jouer ! Les écureuils volants ne répondent pas aux normes de la sécurité aérienne ! Ils n'ont pas de *permis* ! ajouta-t-il en tapotant la poche qui contenait son permis de conduire.

— Ce ne sont pas des écureuils *volants*, objecta Rose. Ce sont des écureuils *planeurs*. Rien à voir. Tu vas constater que ces petites bêtes ont une envergure bien plus large que tu ne le crois.

M. Beurre essayait à présent d'enfoncer la porte à coups d'épaule.

— Monsieur Méchanico ! hurlait-il. Que se passe-t-il, à la fin ?

— Le temps presse, murmura Rose en chassant une mèche de cheveux de ses yeux. Faites-moi confiance. Maman m'a raconté cette histoire un jour. Papa et elle étaient en Amazonie. Il leur fallait grimper à un arbre afin d'échapper à un anaconda. Eh bien, ils sont montés sur un Écureuil planeur. Je dois avouer que je les imaginais un peu plus grands. Mais peu importe. C'est notre seule chance.

— D'accord, *mi hermana*, dit Oliver. C'est toi qui sais.

Origan se contenta d'approuver de la tête.

Les trois jeunes Bliss s'assirent sur le rebord de la lucarne, les jambes dans le vide. Le cœur de Rose cognait dans sa poitrine à l'idée qu'ils s'apprêtaient à s'élancer du sixième étage accrochés à une mini-boule de poils. Le sol était trop loin pour qu'elle le voie. La pluie trempait ses cheveux et fouettait son visage. Était-ce une si bonne idée que cela, au fond ? Elle n'allait tout de même pas les tuer tous les trois ?

— Comment on utilise ces trucs ? demanda Origan.

Il tenait son écureuil si fermement que seule une petite tête inquiète dépassait de ses poings. Le rongeur couina.

— On s'accroche à quoi ?

— Je sais pas, admit Rose.

Elle ouvrit les mains et l'animal s'étira à la manière d'un

humain qui se réveille après une longue sieste. Autour de son cou, elle vit une épaisse collerette de fourrure. Elle tira dessus, ce qui ne parut pas déranger la bestiole. Elle y enfonça les doigts et l'écureuil se mit à pépier.

— La collerette, dit-elle.

Soudain, le minuscule Écureuil planeur déplia ses pattes avant qui se révélèrent infiniment longues. Avec un gros flap ! elles se transformèrent en une paire d'ailes gigantesques, aussi blanches et larges que les voiles d'un navire de pirates. L'écureuil s'envola. Rose se tint à califourchon sur son petit dos, les genoux bien collés à la base des ailes. La pluie lui cinglait la figure, mais ça lui était égal. Elle volait !

— Youpi !!! s'écria-t-elle.

Elle se cramponna de toutes ses forces afin de ne pas lâcher prise, tandis que l'écureuil magique planait tranquillement au-dessus des bâtiments sombres luisants de pluie. Elle était trempée jusqu'aux os, mais peu lui importait. Elle volait !

Elle jeta un coup d'œil derrière elle. Oliver et Origan fendaient le ciel comme elle.

— Yahou ! vociféra Origan. Je veux ramener ce petit gars à la maison !

— Ahhhh ! gémit Oliver. Je veux RENTRER à la maison !

Rose remarqua que l'écureuil se dirigeait vers la clôture électrique à sa droite. Elle tira sur la collerette du côté gauche. Le rongeur, obéissant, vira dans la direction indiquée par son geste.

— Suivez-moi ! hurla Rose à ses frères.

Même à travers la pluie, il était facile de lire les enseignes des entrepôts gris. Rose mit le cap sur le bâtiment indiquant LABORATOIRE PRINCIPAL.

L'écureuil de Rose perdit peu à peu de l'altitude pour atterrir en douceur sur le bitume entre deux édifices. Oliver et Origan étaient juste derrière elle.

Rose sauta du dos de l'écureuil. Libéré du poids de la jeune fille, l'animal battit délicatement des ailes et s'éleva à nouveau dans le ciel.

— Merci ! lui cria Rose.

L'avait-il entendue et comprise ? Rose n'aurait su le dire. L'écureuil s'éloigna vers la clôture électrique. Bientôt, il ne fut plus qu'une ombre dans la nuit.

L'écureuil d'Oliver s'envola. Celui d'Origan aurait fait de même si le garçon ne l'avait pas retenu d'une main ferme par sa collerette.

— Non ! cria Origan en essuyant l'eau qui lui dégoulinait sur le front. Ne t'en va pas ! Tu serais l'animal de compagnie le plus génial de tout l'univers ! Tu pourrais me conduire à l'école !

L'écureuil ouvrit grandes ses mini-bajoues et cracha au visage d'Origan. Sa bouche s'élargit, découvrant des dents menaçantes. Origan s'empressa de le lâcher. Le rongeur reprit sa taille normale, pépia joyeusement, battit des ailes et s'envola.

Oliver caressa la tête mouillée de son frère cadet :

— Ce que tu aimes, frérot, il faut savoir le laisser partir. Autrement, ça te dévorera la main.

Origan frissonna en regardant l'animal disparaître.

— On se serait tellement amusés tous les deux !

— On aurait pu aller secourir nos parents et déguerpir, dit Oliver.

— Je ne crois pas. Mon écureuil pouvait à peine me porter, alors moi et arrière-grand-papa…

Origan, tout tremblant, se tourna vers la porte :

— Enfin bref, il fait un froid polaire ici. Je crois que je suis en hypothermie.

Dans le laboratoire, Rose enfila une veste supplémentaire pour se réchauffer.

Ses frères et elle étaient encore trempés, mais il était temps qu'ils se remettent au travail avant le retour de M. Beurre. Elle était épuisée, et tous les trois mouraient de faim, mais ils n'avaient pas le choix : il leur fallait préparer l'antidote aux Beignets mini mignons.

Sauf que, apparemment, aucun des autres pâtissiers n'avait l'air aussi pressé qu'eux de trouver une solution.

— Coucou ! hurla-t-elle.

Mais les pâtissiers, transformés en zombies par les Beignets mini mignons, ne lui prêtaient pas attention. Serge et Jacques les avaient mis au travail. Le scottish fold et la souris française s'étaient installés sur une table en inox, dans des chaises longues miniatures, et sirotaient du thé glacé. Gene les éventait avec une lèchefrite, tandis que Mélanie et Félanie frictionnaient leurs pattes poilues. Ning et Jasmine leur massaient le crâne. Marge leur lisait un conte de fées.

— Sympa, vous deux, lança Rose à Serge et Jacques. Vous avez transformé ces pauvres zombies-pâtissiers en vos esclaves personnels. Cela ne m'étonne pas de toi, Serge, mais toi, Jacques… ?

Jacques étira ses pattes roses derrière sa tête et poussa un soupir détendu :

— J'y peux rien si j'ai des goûts de luxe.

Oliver chuchota à l'oreille de Rose :

— Il faut vraiment que tu les soignes si vite ? J'ai les muscles noués et je crois que ces jumelles blondes pourraient m'aider.

— Ah, ça, non, Oliver ! Je vais les soigner tout de suite ! protesta Rose. Une fois que j'aurai trouvé comment.

Elle se mit à feuilleter *L'Apocryphe* à la recherche d'une recette anti-zombification qui ne nécessitait pas de Capsule de temps. Oliver en profita pour subtiliser Mélanie et Félanie au chat et à la souris afin qu'elles lui massent le dos.

— Vos désirs sont des ordres, récitèrent-elles d'une même voix monocorde.

— Merci beaucoup, les filles. C'est très gentil à vous. J'ai été tellement stressé ces dernières heures…

Origan lança un regard dégoûté à son frère et vida les poches de son pantacourt. Il posa une vingtaine de trous de donuts bourrés de conservateurs sur une plaque de cuisson et en mit un dans sa bouche.

— J'en peux plus de manger ces trucs-là. J'ai plus faim. Pâtissiers. Obéissez à ma voix ! Débarrassez-moi de tout ça !

Aussitôt, Mélanie et Félanie cessèrent de masser le dos d'Oliver et se dirigèrent d'un pas tranquille vers les petites billes frites que les autres pâtissiers avaient déjà commencé à dévorer.

— Les oblige pas à manger ça ! supplia Rose.

Trop tard. Les pâtissiers avaient déjà englouti la totalité des trous de donuts noirs et blancs comme des enfants qui s'empiffrent de bonbons.

— C'est pas honnête, Origan. Ils ne peuvent pas s'en empêcher. Ils ne savent pas qu'ils sont en train de manger des vieux trous de donuts infects. Ce sont des zombies !

— Qui est un zombie ? demanda Marge en secouant la tête et en faisant claquer ses lèvres. Je prendrais bien un verre de lait.

— Je ne vous ai pas donné la permission d'arrêter de me masser les pieds, dit Serge à Ning. Obéissez à ma voix ! Je voudrais un autre verre de thé glacé !

— Allez le chercher vous-même ! répliqua Ning, indigné.

— Jasmine, dit Rose, obéissez à ma voix ! Sautez sur place dix fois de suite !

— Et pourquoi cela ? demanda la pâtissière en clignant des yeux et en se frottant le visage comme si elle venait de se réveiller d'un long sommeil.

Ses joues avaient repris des couleurs.

— Sautez vous-même ! ajouta-t-elle.

Marge explosa de rire. Elle n'était plus un zombie ! Soulagée, Rose passa son bras autour de ses épaules charnues.

— Vous êtes revenue !

— J'étais partie ? demanda Marge.

— Vous étiez un zombie, expliqua Rose. Vous faisiez tout ce qu'on vous disait. Vous avez lu *Le Chat botté* à une souris !

Marge soupira.

— Ce serait pas la première fois.

— Je ne comprends pas, dit Rose à ses frères. C'est quoi qui les a guéris ?

— C'est moi, déclara Origan, tout fier. Je leur ai fait manger ces trous de donuts et ils ont miraculeusement retrouvé leurs esprits. On dirait que j'ai la *main magique*.

— Origan, je t'adore, rétorqua Rose, mais non. Il devait y avoir *quelque chose* dans ces petites boules.

— Ces vieux trucs ? dit Marge en en fourrant une dans sa bouche.

Rose se tourna vers elle et s'écria :

— Mais bien sûr ! Ces *vieux* trucs ! Les trous de donut sont des Capsules de temps. Ce sont des fragments du passé !

Ils étaient peut-être tout secs et sans saveur, mais grâce aux conservateurs, les trous de donuts avaient accumulé en eux de la magie. Chacun était un minuscule bout sucré d'un hier enchanteur.

— On a de la chance que j'aie pensé à en emporter, se vanta Origan.

À cet instant, la sirène d'alarme se mit à hurler et les spots rouges clignotèrent. Rose jeta un coup d'œil à l'horloge murale. Il était vingt-trois heures passées.

— M. Beurre est de retour, annonça-t-elle.

Après cette longue journée, la fatigue s'abattit sur Rose d'un coup.

— Chers pâtissiers, vous connaissez la chanson. Comportez-vous en zombies imbéciles et faites tout ce qu'on vous dit, d'accord ?

Le visage soudain inexpressif, Marge répondit :

— Oui, maître.

— … et là, les donuts ont roulé au bas de la rampe et ont enseveli tous mes invités !

Depuis qu'il avait jailli du monte-charge en compagnie de M. Kerr, M. Beurre ne décolérait pas.

— La Société des Rouleaux à Pâtisserie au complet a été submergée par un tsunami de trous de donuts !

Son smoking et son crâne chauve étaient encore couverts de miettes.

— C'est… terrible, dit Rose, prudente.

— Et vous ne savez rien de tout ça ? demanda M. Beurre, les yeux plissés pour mieux observer la jeune fille. Pourquoi êtes-vous trempée ?

— C'est de la transpiration, monsieur, mentit Rose en se disant qu'elle aurait mieux fait de s'essuyer. J'ai passé toute la soirée aux fourneaux à mettre la dernière touche.

— Je vois. Je suis venu ici parce que je ne connais qu'une personne au sein du complexe de la Corporation capable d'un acte aussi infâme. Lâcher une pièce entière de trous de donuts sur un groupe de membres distingués de la Société ! Détruire mon auxiliaire le plus précieux, M. Méchanico ? Je ne connais qu'une personne assez intelligente, sournoise et… indépendante… Et cette personne, c'est vous, Rosemary Bliss ! De la sueur, ça, hein ?

Il donna une pichenette sur la tête encore trempée de Rose.

— Quelqu'un a détruit M. Méchanico ? s'écria Rose en affectant une mine incrédule.

— Hélas ! gémit M. Beurre. Ce robot était mon ami. Il me rappelait ma mère. Aussi… froids… métalliques… l'un que l'autre. Ça me réconfortait.

Les lunettes de M. Beurre s'embuèrent.

— On peut peut-être le réparer ?

— C'est possible, concéda M. Beurre en haussant tristement les épaules. Je ne sais même pas ce qui lui est arrivé !

— En tout cas, j'ai une bonne nouvelle ! J'ai perfectionné la recette des Beignets mini mignons ! N'est-ce pas, mes chers amis pâtissiers ?

Les six pâtissiers se tenaient alignés au garde-à-vous comme des soldats de plomb. Ils hochèrent la tête, le regard aussi lisse et brillant que le glaçage d'un beignet tout frais.

— C'est merveilleux, en effet, dit M. Beurre d'un ton distrait.

Il se tourna vers M. Kerr :

— Vous voyez ? Ce n'est pas Rose la coupable. Rose nous est loyale. Elle est restée toute la soirée aux fourneaux. Elle sait très bien que si elle avait eu quelque chose à voir avec le fiasco de tout à l'heure, elle risquerait de dire au revoir à sa famille pour toujours, ajouta-t-il en faisant craquer ses doigts. On se comprend, n'est-ce pas, Rose ?

— Bien sûr, dit Rose avec un sourire crispé.

— Cela signifie que nous avons un intrus dans cette usine, et que ce criminel court toujours ! poursuivit M. Beurre. Monsieur Kerr ? Trouvez-le et écrabouillez-le, voulez-vous ?

— Comme un misérable cloporte, approuva M. Kerr en époussetant des miettes de donuts collées au velours de son jogging.

Soudain, un énorme fracas métallique secoua le quartier des pâtissiers où Oliver et Origan s'étaient cachés avec Serge et Jacques. Un silence de mort s'abattit sur la cuisine.

— Qui va là ? demanda M. Kerr.

« Non ! Non ! Non ! Il va trouver mes frères ! »

Serge surgit de derrière la porte et courut s'asseoir devant M. Kerr. Il se lécha la patte.

— C'est juste le sale chat de Rose, soupira M. Beurre. Ce matou galeux. Ouste ! Ouste !

Serge fila à l'abri sous une table de préparation. M. Beurre hocha la tête.

— D'abord des souris… Maintenant des chats… Il va falloir qu'on fasse venir un dératiseur. Je *déteste* tout ce qui est petit.

Contre toute attente, il fit un grand sourire à Rose.

— Je ne parle pas de vous, Rosemary Bliss. Vous êtes petite, mais on n'a pas besoin de vous exterminer… ni votre chat, d'ailleurs, du moment qu'il se tient bien.

— Merci, dit Rose avec un sourire forcé.

M. Beurre jeta un regard à l'horloge.

— Je vous conseille de dormir un peu. Vous allez avoir besoin de toute votre énergie pour pouvoir finir dans les délais.

— Il nous reste deux jours. Ça devrait nous laisser assez de temps pour…

Mais M. Beurre fit non de la tête.

— J'ai bien peur qu'il n'y ait eu des changements. C'est

vrai qu'il vous reste deux recettes à perfectionner : les Machins des rois et les Fondants. Cependant, vous n'avez plus qu'une journée pour les terminer. Je les veux pour demain soir, s'il vous plaît, avant que notre mystérieux saboteur ne vienne causer plus de ravages au sein de la Corporation.

— Mais c'est trop court ! protesta Rose.

— Il vous faudra faire avec, conclut M. Beurre en s'apprêtant à partir.

Il remarqua alors quelques trous de donuts sur la plaque de cuisson.

— Des trous de donuts ! s'écria-t-il. Où est-ce que vous avez trouvé ça ?

— Heu… On les a confectionnés avec le reste de pâte des Beignets mini mignons ! répondit Rose du tac au tac. Ils sortent tout juste du four.

— Votre explication est plausible, convint M. Beurre.

Il regarda les gâteaux d'un air dégoûté… ou plein d'envie ?

— Bon, il faut que je retourne m'occuper de mes invités. Ne sortez pas d'ici, surtout. Que M. Kerr ne vous confonde pas avec le coupable de l'attaque de ce soir. Je n'aimerais pas qu'il vous fasse du mal par mégarde.

M. Kerr lança à Rose un regard menaçant avant de se glisser au volant de la voiturette de golf. Alors que M. Beurre s'installait à côté de lui, Rose aperçut un trousseau de clés – au moins une douzaine – qui pendait à sa ceinture.

Dès que MM. Beurre et Kerr eurent disparu, les pâtissiers poussèrent un soupir de soulagement.

— Ouf ! souffla Gene. C'est dur de rester droit comme un piquet pendant aussi longtemps ! Un véritable exploit sportif.

— Essayons tous de nous reposer, recommanda Rose à Marge et au reste de l'équipe. Demain, une longue journée nous attend.

En réalité, Rose ne pensait qu'à une chose : au trousseau de clés de M. Beurre.

« La clé de l'ascenseur de l'hôtel est forcément dans le lot. Si je parviens à m'en emparer, je serai en mesure de libérer mes parents et Balthazar, et on pourra tous filer d'ici. »

13

Les Petits Pains de la répulsion

R ose fut réveillée le lendemain matin par un Origan monté sur ressort, qui atterrit d'un bond sur son lit.

— Surprise ! Debout, Rose ! On a fait les Machins des rois pour toi !

— Comment ça, vous les avez faits pour moi ?

Les boucles rousses de son petit frère étaient couvertes de farine de façon alarmante, ses doigts et ses joues rondes maculés de chocolat fondu.

— Oliver, moi et Marge, on a lu la fiche recette de Lily, puis on a regardé la recette de base dans *L'Apocryphe*, et on a réussi à l'améliorer !

Il se tut pour se lécher l'index.

— Enfin, on croit.

Rose prit une grande inspiration et se pencha pour regarder par la cloison vitrée le laboratoire en contrebas. Il était jonché de saladiers sales, de boîtes de chocolat en poudre renversées et de coquilles d'œufs.

Oliver se tenait devant une plaque de petites bûches nappées de chocolat tout juste sorties du four. La poitrine gonflée de fierté, il salua Rose de la main pendant que les pâtissiers paniqués s'affairaient autour de lui pour nettoyer le chaos semé par les deux frères.

— Merci, Origan.

— Aucun problème, ma chère sœur. Tu n'es pas toute seule, tu sais, on est là…

— Je sais, sourit Rose. Et je vous en suis infiniment reconnaissante…

Elle donna un bisou à Origan. Heureusement que les garçons étaient venus lui prêter main-forte. Elle ne s'en serait pas sortie sans eux. Nini, bien sûr, les accompagnait en pensée.

Rose ne descendit l'escalier en colimaçon qu'un quart d'heure plus tard.

— Regarde ce qu'on a fait ! dit Oliver en désignant les Machins des rois.

En fait, elle avait pris le temps de prendre une douche, d'enfiler un tablier propre et une toque neuve – l'un et l'autre blancs comme neige. Elle portait toujours le short avec lequel elle était arrivée. Par chance, il n'avait aucune tache.

— On voulait te montrer que tes frères n'ont pas perdu le tour de main familial. Nous aussi on a de la magie au bout des doigts !

— C'est du bon travail, approuva Rose en donnant une tape affectueuse sur l'épaule de son grand frère.

Sur une table, elle trouva une tasse de thé et un cookie de contrebande Mimie Brossard : son petit déjeuner habituel. Elle but une gorgée et demanda :

— Dites-moi, quelle recette de *L'Apocryphe* Lily a-t-elle massacrée cette fois ?

Origan lui tendit une des fiches couleur crème de leur tante ainsi que les feuilles grises qui formaient *L'Apocryphe*.

LES PETITS PAINS DE LA RÉPULSION :
Pour semer la haine et la discorde

En l'an 1809, à Masuleh, en Arabie, l'infâme descendante d'Albatross Bliss, Mme Gagoosh Taghipoor, conçut ces petits pains sucrés fourrés à la confiture amère. Elle les distribua à tous les enfants du village, lesquels commencèrent à éprouver un profond dégoût pour la cuisine de leurs parents et aussi, du reste, pour leurs parents en général. Désormais ils ne mangeaient plus qu'à la pâtisserie de Mme Gagoosh Taghipoor. Lorsque celle-ci s'en fut habiter ailleurs, les enfants s'enfuirent de Masuleh et quittèrent leurs parents détestés. Ils errèrent dans la campagne, seuls et affamés.

— Eh ben ! s'exclama Rose. Cette recette est parfaitement ignoble !

— On a suivi la partie qui parle de *fruit amer*, expliqua Origan. Regarde.

*Mme Taghipoor mélangea deux poignées de **fruit amer** à une poignée de **sucre**, avant d'y ajouter une noisette **d'OBJET DE LA RÉPULSION**.*

— La seule différence qu'on ait trouvée entre la recette originale et celle de Lily, précisa Oliver, c'était cet Objet de la répulsion. On a pensé que le sien n'était peut-être pas assez puissant. Parce que, tu vois, elle a fait une fournée beaucoup plus importante, mais elle n'a pas modifié les proportions. Alors, nous, on en a rajouté beaucoup.

Rose fronça le nez.

— Mais c'est *quoi*, l'Objet de la répulsion ?

Ça n'avait pas l'air bien appétissant, mais bon, c'était le cas de la plupart des ingrédients utilisés dans les recettes de *L'Apocryphe*…

— Oh, c'est ce truc-là, dit Marge.

Elle souleva un bocal rouge qui contenait des miettes d'une substance noirâtre qui ressemblaient à… euh… des crottes de lapin.

— M. Beurre est venu le livrer lui-même. J'ignore ce que c'est.

Rose ouvrit le récipient d'où s'échappa une odeur de fleurs fanées, de fromage moisi, de vieilles baskets, de yogourt tourné et autres relents fétides. Elle eut la sensation que cette puanteur lui sautait à la figure. Elle s'empressa de refermer le couvercle avec un haut-le-cœur.

— Pouah ! C'est dégoûtant ! Alors, ils font quoi, ces Machins des rois ? lança-t-elle. Je doute qu'ils soient mangeables, avec ce truc nauséabond que vous y avez mis.

— Il y a qu'un moyen de le savoir, déclara Marge.

Elle distribua les gâteaux aux autres pâtissiers, prit une bûche chocolatée et mordit dedans.

— Bah…, fit-elle en esquissant une petite grimace. Ça pourrait être pire.

Oliver et Origan se tapèrent dans la main pour fêter leur victoire.

— Banco, mec !

— Mais quels sont ses effets ? interrogea Rose. Marge, vous ne vous sentez pas drôle ?

Après un moment de réflexion, Marge déclama :

— Je suis quelqu'un qui pétille d'humour, sans avoir toutefois le talent d'une comédienne professionnelle. Ma mère ne m'a jamais encouragée à développer mon potentiel artistique. Je veux dire, j'apprécie la drôlerie…

En voyant l'expression de Rose, Marge s'arrêta dans son élan, puis elle reprit :

— Oh, vous voulez dire, est-ce que je me sens drôle comme dans : Est-ce que je me sens malade ? Non, non, je me sens tout à fait normale.

— Et vous autres ? demanda Rose au reste de l'équipe. Aucun changement ?

Ils secouèrent la tête.

— Mais pourquoi ça ne leur fait rien ? gémit Origan.

— Aucune idée, dit Rose. Tu vois, on ne peut pas juste ajouter des machins au pif. Il y a peut-être trop d'Objets de la répulsion dans la mixture. Les Machins des rois sont en principe plus légers en chocolat. Ceux-là sont très lourds, ils ressemblent à…

Rose tira de la poche de son short la lettre qu'elle avait reçue quelques jours auparavant, autant dire une éternité plus tôt. Au bas de la page, il y avait une image :

— Ils ressemblent à ça : les Coco Cakes de Mimie Brossard.

Dès que Rose eut prononcé le nom de Mimie Brossard, les pâtissiers affichèrent une mine dégoûtée.

— Cette sorcière sans talent ? glapit Marge. Cette *arnaqueuse* ?

— Ses Coco Cakes sont des catastrophes chocolatées, lança Jasmine, furieuse.

— Si je la croisais dans la rue, déclara Ning, je les lui cracherais à la figure, à cette face de lézard.

Origan posa le doigt sur le logo qui figurait en haut de la lettre :

— Cette grande blonde coiffée au carré ? dit-il. Elle m'a l'air sympathique pourtant !

Avec un hurlement de rage, Mélanie et Félanie arrachèrent la lettre des mains d'Origan et déchirèrent l'entête.

— Mais enfin ! protesta Origan.

Jasmine et Ning s'étaient déjà approprié le morceau de lettre déchirée. Ils le froissèrent avant de le fourrer dans le broyeur. Ils écoutèrent avec satisfaction le bruit du papier qui se réduisait en bouillie.

— Origan, donne-moi ça, dit Rose.

Origan lui rendit ce qui restait de la lettre. Elle plia tant bien que mal le lambeau avant de le remettre dans sa poche.

— C'est quoi, leur problème, avec Mimie Brossard ? demanda Origan.

— C'est les Machins des rois, répondit Rose en lui désignant Jasmine et Ning qui applaudissaient le broyeur. En manger leur a fait haïr Mimie Brossard !

Les pâtissiers se couvrirent les oreilles de leurs mains,

comme si le nom même de la pâtissière produisait le même crissement insupportable que des ongles sur un tableau noir.

— Mais qu'est-ce que ça peut bien lui apporter, à M. Beurre ? s'étonna Oliver. Je croyais qu'il voulait racheter l'entreprise de Mimie Brossard ?

La réunion de la Société Internationale des Rouleaux à Pâtisserie revint à la mémoire de Rose : ils détestaient tous Mimie Brossard.

— C'est un plan de secours, au cas où ils n'atteindraient pas leur objectif premier, comprit-elle soudain. Si les gens mangent des Machins des rois, et que les Machins des rois leur font détester Mimie Brossard, ils ne vont pas aller courir acheter une boîte de Coco Cakes Mimie Brossard, n'est-ce pas ?

Les pâtissiers poussèrent des grognements et jetèrent rageusement par terre les saladiers de préparation en inox.

— Et puisqu'il ne reste dans le pays que deux pâtisseries ayant légalement le droit d'exercer, cela signifie que les Tartelettes lunaires, les Arcs-en-boule et les Beignets mini mignons de la Corporation seront leur seule solution, conclut Origan. Malin !

Rose renifla à nouveau le contenu du bocal rouge rempli d'Objet de la répulsion.

— Je ne comprends toujours pas ce que c'est que ce truc.

Olivier jeta un coup d'œil à l'intérieur du récipient.

— Au fond, ça ressemble à des Coco Cakes de Mimie Brossard. Des gâteaux qui auraient connu des jours meilleurs.

— Mais c'est ça ! s'exclama Rose. Ce sont les Coco Cakes qui sont les Objets de la répulsion ! Ils ont sans doute été gâtés par une substance magique aux vertus pourrissantes. Ceux qui en mangent prennent l'objet lui-même en horreur.

Marge et les autres pâtissiers avaient ouvert cinquante boîtes de glaçage à la vanille. Ils étaient en train d'empiler la matière blanche et gluante pour former ce qui ressemblait à un bonhomme de neige.

— Mais qu'est-ce que vous faites avec tout ce glaçage ? s'enquit Rose.

— Une effigie de cette pauvre nulle de Mimie Brossard, répliqua Marge.

— Et vous comptez en faire quoi ? demanda Oliver.

Les yeux de Marge se mirent à briller comme deux flammes.

— La brûler, dit-elle.

Rose saisit *L'Apocryphe* et se mit à feuilleter le livret, à la recherche de l'antidote des Petits Pains de la répulsion de Gagoosh Taghipoor.

— Oh non ! Il faut qu'on répare ça avant qu'ils ne mettent le feu au bâtiment !

CRÈME PÂTISSIÈRE PARENTALE :
Pour éradiquer la haine et la discorde

La belle Lady Nilonfar Bliss croisa sur son chemin la bande d'enfants errants et morts de faim qui avaient rejeté leurs parents. Elle confectionna une tarte aux prunes et imbiba la crème pâtissière disposée sous les fruits d'une dose d'AMOUR MATERNEL, extraite des lamentations des mères abandonnées du village de Masuleh. Une fois que les enfants eurent dégusté la tarte, ils versèrent des torrents de larmes et coururent se jeter dans les bras de leurs mères en pleurs, qui, folles de joie, les couvrirent de baisers.

— Mais où est-ce qu'on va trouver de l'amour maternel ? demanda Rose.

— Bah, c'est évident, dit Oliver. Notre propre mère est à un kilomètre d'ici. Et elle nous aime. Beaucoup, énormément.

— C'est vrai. Sauf que nous n'avons pas la clé de leur chambre. Je crois l'avoir aperçue sur le trousseau de M. Beurre, mais on n'arrivera jamais à le lui détacher de sa ceinture.

— Laissez-moi faire ! intervint soudain Jacques.

La souris avait observé la scène du haut d'une table.

— Voyez-vous, avant, j'étais voleur à la tire, ajouta-t-il.

— Vraiment ?

— *Oui**, répondit Jacques. Je chapardais de la nourriture sur les étalages de luxe du marché pour la distribuer aux pauvres.

— Comme Robin des Bois, fit remarquer Oliver.

— C'était ça, l'idée, admit Jacques. J'étais très inventif, d'ailleurs. Au début, je laissais des pommes de terre sur le pas de leur porte. Et puis, des corbeilles entières de légumes et de la viande fraîche de chez le boucher. Ensuite, je constituais des paniers élaborés avec ce que j'avais dérobé. Mais c'était bien trop sophistiqué. Les pauvres n'ont pas besoin de boîtes de caviar et d'huîtres fumées. En plus, les paniers étaient si lourds qu'il me fallait l'aide d'une armée de souris pour les porter. Et puis, elles mangeaient le contenu du cadeau que j'apportais… oh ! c'était pas beau à voir.

— Mais tes intentions partaient d'un bon sentiment, le consola Rose.

— *Absolument** ! s'exclama Jacques. En tout cas, je suis un voleur de première catégorie.

Il passa ses petites pattes roses sur ses moustaches pour bien les nettoyer avant d'ajouter :

— Lorsque votre M. Beurre viendra tout à l'heure, je m'emparerai de cette clé.

MM. Beurre et Kerr pointèrent leur nez quelques minutes plus tard. M. Kerr était accoutré d'un jogging en velours violet flashy. « Mais combien de tenues identiques a-t-il ? » se demanda Rose.

Origan et Oliver les observaient à leur insu depuis la chambre vitrée. Rose les accueillit poliment.

Marge et le reste de l'équipe avaient terminé de sculpter la statue grandeur nature de Mimie Brossard. Elle ressemblait comme deux gouttes d'eau à celle qui figurait sur l'en-tête de la lettre. Si les pâtissiers n'avaient pas été aveuglés par la haine, ils auraient peut-être envisagé une nouvelle carrière de sculpteurs professionnels.

— Qu'est-ce que ce bonhomme de neige fiche ici ? glapit M. Beurre.

Il se tenait derrière une des tables en inox, tiré à quatre épingles dans sa chemise bleu pâle et son pantalon à pinces bleu marine. Le même trousseau de clés que Rose avait aperçu la veille pendait à sa ceinture. Elle l'observa à la dérobée et remarqua une clé d'une forme étrange, un petit bâtonnet en laiton dont dépassait à angle droit un mini rouleau à pâtisserie. Elle chercha Jacques des yeux, sans succès. En revanche, elle voyait très bien Serge qui trônait sur un frigo. Elle lui avait pourtant recommandé de se cacher – il était clair que M. Beurre désapprouvait sa présence – mais il était têtu et estimait savoir où était sa place.

— C'est une effigie de Mimie Brossard en glaçage, répondit Rose à M. Beurre. Les pâtissiers sont impatients de la brûler.

— Vraiment ? demanda M. Beurre d'un air ravi. Et pourquoi donc ?

— Parce que Mimie Brossard est *mauvaise*, expliqua Félanie.

— Aussi mauvaise que de la musique d'ascenseur, renchérit Mélanie.

— Ou que le pudding de Noël, intervint Gene.

— Nous tentons d'effacer cet horrible visage de nos mémoires, l'informa Marge. Nous ne voulons penser qu'aux produits délicieux de la Corporation.

Ils auraient mérité un premier prix pour leurs talents de comédien, pensa Rose, si seulement tout ceci avait pu être une pièce de théâtre. Car contrairement aux fois précédentes où M. Beurre était venu vérifier les progrès accomplis dans le laboratoire, aujourd'hui, les pâtissiers ne jouaient pas la comédie. M. Beurre était le témoin du pouvoir destructeur de la recette améliorée, et ce qu'il voyait le réjouissait au plus haut point. Il écarquillait des yeux brillants et ses joues étaient du même rose que le sommet de son crâne chauve. On aurait dit un écolier émerveillé... un écolier âgé et étrange. Il passa les doigts sur son crâne lisse.

— Je vais vous poser une série de questions. Pour être certain que les Machins des rois sont parfaits.

— Tout ce que vous voudrez, ô Grand Maître de la Corporation ! déclama Ning, le buste incliné.

M. Beurre murmura à Rose :

— Nous allons voir si la recette a réellement été améliorée. Lily la Fée était capable d'obtenir des résultats similaires, mais les Machins des rois n'étaient pas assez forts.

« Ils le sont, maintenant, pensa Rose. Grâce à Oliver et Origan. »

M. Beurre pointa l'index vers Marge :

— Quel goût ont les Coco Cakes Mimie Brossard ?

Marge fit une grimace dégoûtée.

— Un goût d'œuf pourri et d'amère déception !

Il se tourna vers Mélanie et Félanie :

— Qu'est-ce que vous aimez le plus, chez Mimie Brossard ?

— L'idée qu'on puisse lui fracasser le crâne avec un rouleau à pâtisserie, proposa Mélanie.

— Et lui écraser le nez avec une plaque à four, ajouta Félanie en hochant vigoureusement de la tête.

M. Beurre fit le tour de la cuisine jusqu'à se trouver nez à nez avec Gene :

— D'après vous, où vit Mimie Brossard ?

— Dans un égout, répondit-il. Et c'est là où elle fait ses gâteaux.

M. Beurre se tourna enfin vers Jasmine et Ning :

— Que feriez-vous si vous croisiez Mimie Brossard dans la rue ?

— On partirait en courant ! s'écria Ning.

— Dans la direction opposée, et à la vitesse du vent ! enchérit Jasmine.

— Ou alors, on construirait une prison en Tartelettes lunaires et en Arcs-en-boule et on l'enfermerait dedans ! ajouta Ning.

— Vous vous êtes surpassée, mademoiselle Rosemary Bliss, jugea M. Beurre au moment où Jacques surgissait à un coin de la table.

— Merci beaucoup, monsieur ! s'écria Rose avec fougue pour mieux détourner son attention.

« Maintenant, s'il vous plaît, donnez-nous vos clés que je puisse aller voir ma mère et redonner à ces pauvres pâtissiers leur état normal. »

— En à peine quatre jours, vous avez perfectionné nos Tartelettes lunaires, nos Arcs-en-boule, nos Beignets mini mignons, et à présent, nos Machins des rois ! Ce soir, lorsque vous aurez amélioré la recette originale des Fondants mordants, nos cinq nouveaux gâteaux seront prêts à partir en production !

Jacques marchait au bord de la table comme sur une corde raide, posait avec précaution une minuscule patte rose devant l'autre. Les clés à la ceinture de M. Beurre étaient presque à sa portée.

— Mimie Brossard, comme vous le savez, est le diable incarné, énonça M. Beurre.

Les pâtissiers huèrent et applaudirent, tandis que

Jacques, que seule Rose voyait, s'étirait et tentait de détacher des autres la clé-rouleau-à-pâtisserie. M. Beurre se tenait un centimètre trop loin de la table.

Rose s'avança pour se camper devant lui :

— Monsieur Beurre ? Est-ce que vous pourriez vous pencher un peu ?

— Pourquoi ?

— Je... Je... je voudrais me raser la tête et j'aimerais voir ce que ça donne vu d'en haut, sourit-elle. C'est la nouvelle mode !

M. Beurre, tout fier, obtempéra. Ses clés frôlèrent la table.

— Ce n'est pas vraiment une coiffure de fille, dit-il. Mais les enfants, de nos jours... !

Rose fit courir les doigts sur la surface lisse et cireuse tout en gardant un œil sur Jacques qui avait disparu sous la chemise de M. Beurre.

— C'est... plein de bosses, fit-elle observer.

— Ce que vous sentez, ce sont les os de ma boîte crânienne sous la peau, expliqua M. Beurre.

Un instant plus tard, la souris émergea avec la drôle de clé. Rose s'écarta.

— Merci ! s'exclama-t-elle. On en apprend tous les jours. Merci mille fois.

— Je vous en prie, dit M. Beurre avec un sourire vaniteux. J'ai une âme d'enseignant.

Jacques détala sur ses pattes arrière, la clé sur l'épaule, à la manière d'un lanceur de javelot.

Il avait presque atteint l'autre bout de la table, prêt à

sauter dans la poche du tablier de Rose, lorsque M. Kerr l'aperçut.

— Une souris ! hurla-t-il.

Il fit claquer un saladier sur la surface en inox, emprisonnant Jacques.

Avant que M. Kerr puisse attraper la souris, Serge bondit du frigo et atterrit sur les larges épaules couvertes de velours violet.

— Ah ! Une attaque ! s'écria M. Kerr.

D'un revers du poignet, il voulut se débarrasser du chat, mais Serge avait déjà trouvé refuge sur le dos de M. Beurre et planté ses griffes dans sa veste. Il y resta pendu à la façon d'un koala.

— Enlevez-moi ce truc ! hurla M. Beurre.

M. Kerr se précipita vers lui. Serge lui sauta sur la tête, puis regagna le frigo. Rose fit semblant d'avoir peur et lâcha sur la table une pile de saladiers. Certains roulèrent dans tous les sens, d'autres tombèrent par terre avec fracas.

Lorsque M. Kerr s'avança vers la table, il aperçut dessus non plus un, mais sept saladiers retournés.

— La souris ! Elle est sous lequel ? tonna-t-il.

— Je me souviens pas ! gémit Rose.

Et c'était la vérité – elle ne se rappelait pas sous lequel de ces sept saladiers se trouvait Jacques.

— Attendons de voir s'il y en a un qui se met à bouger ! cria-t-elle, dans l'espoir que Jacques l'entende et appuie sur la paroi de sa prison métallique pour qu'elle sache lequel protéger.

Bouillant d'impatience, M. Kerr commença à retourner les saladiers.

— Je ne vais quand même pas perdre mon temps à attendre une sale souris ! grommela-t-il.

Le saladier devant Rose tressauta. Elle le souleva juste assez pour que Jacques ait la place de se faufiler. Il plongea dans la poche de son tablier.

— Il n'y a rien sous celui-ci, déclara Rose en le présentant à tous.

M. Kerr envoya le dernier valser sur le carrelage et se dirigea en soufflant vers la voiturette de golf. Il croisa les bras et fit la moue.

— Je croyais que je la tenais ! maugréa-t-il.

Serge descendit du frigo et fila dans le quartier des pâtissiers.

— Si vous ne faisiez pas du si bon travail, Rosemary Bliss, cracha M. Beurre, je me débarrasserais de ce chat sur-le-champ.

— Non ! s'écria Rose. C'est le seul lien avec chez moi !

— Je comprends que vous vouliez en conserver un avec le lieu où vous avez grandi, opina M. Beurre en se courbant pour s'asseoir à côté de M. Kerr. Toutefois, faites en sorte que je ne revoie jamais ce maudit matou. Gardez-le en cage. Maintenant, occupez-vous des Fondants. Illico presto ! Nous sommes tout près de réaliser notre rêve ! Quand vous aurez terminé, vous aurez droit à une magnifique récompense.

La voiturette et ses passagers étaient à peine avalés par le plancher qu'un minuscule museau moustachu pointa de la poche de Rose.

— *Merci**, Rose, dit Jacques de sa voix la plus cérémonieuse.

— C'est moi qui te remercie. Tu as réussi ?

La petite souris brandit le minuscule rouleau à pâtisserie cranté.

— Z'ai la clé !

14

L'amour est dans le bocal

Une seule main sur le volant, Oliver conduisait la voiturette de golf à toute allure dans le dédale d'entrepôts en évitant de temps à autre un camion de livraison qui roulait en sens contraire.

— C'est fastoche pour moi, *mi hermana* ! cria-t-il à tue-tête pour se faire entendre malgré le bruit du vent. Je suis un cascadeur dans l'âme !

Origan, à l'arrière, maintenait au creux de ses bras une caisse remplie de bocaux rouges. Hormis un peu de matière crémeuse au fond de chacun, les bocaux étaient vides. Ils cliquetaient en rythme avec les cahots qui secouaient la voiturette.

Rose, sur le siège passager, se cramponnait d'une main au tableau de bord et serrait dans l'autre la clé-rouleau-à-pâtisserie. Elle pensait au tendre visage de sa mère en forme de cœur, à sa masse de boucles châtain foncé qu'elle coiffait en chignon – qui, fait à la va-vite, évoquait un nid d'hirondelle.

Céleste avait toujours une solution pour tout. Trouverait-elle une issue à cette impasse si elle n'était pas emprisonnée comme Raiponce dans sa tour ? Après avoir terminé le petit gâteau antidote aux Machins des rois, il ne restait plus à Rose qu'à perfectionner la recette du Fondant mordant. Or son travail de sape contre la Corporation venait à peine de commencer. Comment allait-elle s'y prendre sans l'aide de ses parents ?

En tout cas, elle devait essayer.

Admettons qu'elle parvienne à libérer ses parents et qu'ils s'échappent tous… Qui, alors, mettrait un terme à la conspiration fomentée par M. Beurre et la Société Internationale des Rouleaux à Pâtisserie ? Personne ! Tout reposait sur les épaules de Rose. Elle devait d'abord mettre au point un contrepoison aux recettes qu'elle avait contribué à rendre parfaites. Puis trouver un moyen de battre M. Beurre à son propre jeu. Ce n'est qu'après qu'elle pourrait se permettre de libérer sa famille, et de se sauver elle-même. S'ils réunissaient leurs forces, ils arriveraient peut-être à faire abroger la cruelle loi anti-petites pâtisseries…

Origan lui donna un coup de coude.

— On peut savoir à quoi tu penses ?

— J'aimerais bien revoir maman.

— Et la libérer ! s'exclama Origan.

Rose ne releva pas.

Oliver freina devant l'hôtel en forme de poche à douille géante dont le sommet disparaissait dans les nuages matinaux. Rose, Oliver et Origan entrèrent sur la pointe des pieds dans le hall. Il faisait un froid terrible. La climatisation devait marcher à fond. Les bras de Rose se couvrirent de chair de poule. L'adolescent de la réception parut sidéré de revoir Origan et Oliver.

— Rebonjour, mademoiselle Bliss, dit-il. Je vois que vos invités de l'Association des enfants à la voix bizarre sont de retour ?

Rose se racla la gorge.

— Hum, oui. C'est une visite de deux jours.

Le jeune réceptionniste désigna du menton la caisse qu'Origan serrait contre sa poitrine.

— Et vous distribuez gratuitement des bocaux vides ?

— Un souveniiiiiiiiir ! rugit Origan de sa voix la plus bizarroïde en s'efforçant de ne pas lâcher celle-ci.

On aurait cru un croisement entre une vieille dame et un nouveau-né.

Le réceptionniste se contenta de hocher de la tête, soulagé d'avoir seulement une voix d'adolescent qui déraillait un tout petit peu.

Une fois en sécurité dans l'ascenseur, Origan posa son fardeau sur le sol. Rose retrouva sans peine la petite fente en forme de rouleau à pâtisserie dans le tableau de bord en cuivre à côté de la touche 34.

Elle inséra le rouleau à pâtisserie miniature. Elle entendit le déclic si satisfaisant qui prouvait que la clé correspondait bien à la serrure. Rose la fit tourner vers la droite et appuya sur la touche. L'ascenseur s'éleva en bourdonnant vers le trente-quatrième étage.

— Une fois qu'on les a libérés, on rentre à la maison ? interrogea Origan tandis que le complexe industriel se déployait à leurs pieds.

Oliver tapa sur l'épaule de Rose.

— *Mi hermana*, si on libère maman, papa et Balthazar

de cette chambre d'hôtel, qu'est-ce qui va se passer quand ce mec au Beurre va découvrir qu'ils se sont échappés ? Tu ne crois pas qu'il va penser que c'est ta faute ? Tu n'as pas peur qu'il te traque ?

— Nous rentrerons à la maison après les avoir libérés.

Rose promena les yeux sur les toits des entrepôts et sur la petite maison où avait grandi M. Beurre. Le paysage semblait tout petit dans la lumière dorée de l'aube. Elle ajouta d'un ton plus grave :

— Mais pas avant d'avoir détruit cet endroit.

— On peut pas rentrer tout court ? gémit Origan. Demain soir, il y a la fête de l'été sur la grand-place de Calamity Falls. Je vais manquer la bataille d'eau ! Ça fait un an que je m'y prépare.

— Origan, notre *hermana* a raison. Réfléchis deux secondes. Si on s'échappe, ils vont transformer la dame du logo Mimie Brossard en zombie et saccager tout le pays. Nous sommes les seuls à pouvoir les arrêter ! Mais si on libère maman, papa et Balthazar, on n'arrivera à rien !

Origan fit la grimace.

— Mais on a besoin d'eux pour nous aider ! protesta-t-il. Nous ne sommes pas de taille tous les trois !

— Détrompe-toi, dit Rose alors que l'ascenseur se figeait dans un sursaut au trente-quatrième étage. C'est pour ça qu'on a emporté ces bocaux.

Rose précéda ses frères le long du couloir recouvert d'une moquette dans laquelle les pieds s'enfonçaient. Ils passèrent devant plusieurs portes en bois lustrées avant de s'arrêter devant la 3405. Quel soulagement quand Rose constata que sa clé-rouleau-à-pâtisserie s'insérait aussi dans cette serrure-là !

— Tu es prêt, Origan ? demanda-t-elle à son frère cadet qui se dépêchait de dévisser les couvercles des douze bocaux.

— J'espère bien, grommela-t-il.

Il ouvrit le dernier et souleva de nouveau la caisse dans ses bras.

Rose tourna la clé. La porte s'ouvrit.

Céleste, Albert et Balthazar étaient affalés dans un énorme canapé tendu de velours, devant une télévision dont l'écran géant rivalisait avec celui du cinéma de Calamity Falls. Ils pouffaient de rire devant une comédie.

Au grincement de la porte, ils tournèrent la tête. Albert fit un bond digne d'un athlète olympique de saut d'obstacles et étreignit Oliver et Origan.

— Mes fils chéris ! Comment vous êtes entrés ? Qu'est-ce que vous faites ici ?

— C'est moi qui ai conduit ! annonça triomphalement Oliver.

Balthazar qui, sans sauter par-dessus le canapé, s'était rué néanmoins vers eux sur ses vieilles jambes, les bras grands ouverts, tapota le dos d'Oliver.

— Bravo !

Rose nota que les yeux habituellement si secs de son arrière-arrière-arrière-grand-père étaient humides.

Céleste serra Rose contre elle et couvrit ses joues d'une pluie interminable de baisers.

— Tu es saine et sauve ! pleura-t-elle à moitié. J'ai eu tellement peur ! Nous étions si inquiets ! Mais où est Nini ?

— Toujours avec Mme Carlson, répondit Origan en s'arrachant au câlin de son père pour refermer en toute hâte les douze bocaux.

Pendant que Céleste faisait la bise tour à tour à Rose, à Oliver et à Origan, la matière crémeuse au fond des bocaux se mit à gonfler et se transforma en une sorte de beurre rose pâle, imbibé d'amour maternel.

— Qu'est-ce que tu fais, Origan ?

— Je t'aime, maman, dit-il.

Elle le serra de nouveau contre son cœur. Il revissa le dernier couvercle.

— Qu'est-ce que vous allez faire de ces bocaux, fiston ? interrogea Albert.

— On avait besoin d'amour maternel, l'informa Origan. Pour fabriquer un antidote qui guérira les pâtissiers du laboratoire. Ils ont mangé l'Objet de la répulsion et, pour l'instant, ils veulent brûler Mimie Brossard.

— L'Objet de la répulsion ? siffla Balthazar. C'est fichtrement méchant.

— Ils veulent brûler quelqu'un ? s'inquiéta Albert.

Rose relata à ses parents ce qu'elle n'avait pas encore pu leur dire. Elle leur parla de ce que M. Beurre l'obligeait à faire, du rôle de Lily dans cette sombre affaire, du complot de la Société Internationale des Rouleaux à Pâtisserie pour étendre sa tyrannie sur tout le pays.

— Je confectionne des antidotes en veux-tu en voilà, conclut-elle, mais j'ai aussi rendu parfaites ces abominables recettes ! Rien ne serait arrivé si j'avais refusé tout net. Maintenant, je les ai aidés.

Céleste prit les mains de Rose entre les siennes.

— Tu n'aurais pas pu refuser, ma chérie. M. Beurre ne t'a pas donné le choix. Il t'a kidnappée. Il t'a menacée de nous faire du mal si tu n'obéissais pas. Tu as fait ton devoir. Et avec brio !

Malgré sa grosse contrariété, Rose sentit son moral remonter en flèche – sa mère ne lui en voulait pas, et semblait même fière d'elle.

— Alors ils ont mis la main sur les recettes maléfiques ? s'enquit Balthazar de sa voix rocailleuse. *L'Apocryphe* ?

— Oui, confirma Rose, et non… Ils ont quelques recettes que Lily a recopiées sur des fiches. Mais ils ignorent que *L'Apocryphe* est entre leurs murs. Ils projettent de faire ingérer ces funestes gâteaux à Mimie Brossard. Elle est leur dernière concurrente. Ils veulent la neutraliser.

Albert gratta sa barbe rousse, pensif.

— Je croyais que Mimie Brossard était un personnage de dessin animé… pour la pub !

— Apparemment, elle existe pour de vrai, intervint Oliver. Et elle va venir ici. Ils vont lui faire un lavage de cerveau pour qu'elle s'associe à eux. Ensuite ils auront le monopole et plus rien ne les arrêtera…

— Oh, mon Dieu ! souffla Céleste en caressant les joues de Rose avec ses mains douces.

À la grande surprise de Rose, sa mère demanda ensuite :

— Rose, ma chérie, quelles mesures vas-tu prendre ?

— Moi ? fit Rose, sidérée. Mais je ne sais pas… justement ! Je croyais que tu allais me le dire.

Céleste, Albert et Balthazar se regardèrent en fronçant les sourcils.

— Nous aimerions beaucoup t'offrir une solution toute faite, ma petite chérie, dit Céleste en recoiffant la frange de sa fille. Mais nous sommes cloîtrés ici. Nous ne pouvons pas t'aider à pâtisser.

Rose baissa la tête et marmonna :

— Je sais.

— Les gardiens viennent jeter un coup d'œil sur nous deux fois par jour. Tu es assez intelligente pour savoir que si nous disparaissons, M. Beurre l'apprendra très vite.

— Je sais, répéta Rose dont le menton se mit à trembloter.

Sa mère se doutait donc que Rose n'était pas là pour la secourir, et elle ne protestait même pas.

— Mais c'est trop horrible de vous abandonner ici, conclut Rose.

— Tu n'as pas le choix, ma chérie, lui rappela Céleste.

Balthazar fit sonner sa grosse voix :

— Je ne sais pas pour vous deux, mais moi j'en profite pour prendre des vacances. Je n'avais jamais vu un écran de télé aussi gigantesque. Un petit bémol, cependant… la cuisine laisse à désirer.

Balthazar se laissa choir sur le canapé et leva une assiette où s'empilaient des Fondants mordants, des Tartelettes lunaires et des Machins des rois.

— Je ne sais pas combien de temps nous allons survivre sans manger, soupira-t-il. Cela fait deux jours, et on a faim, Alors, ne traînez pas, les jeunes !

Rose poussa un cri du cœur.

— Mais je ne sais pas comment arrêter M. Beurre !

— Tu finiras par trouver, ma chérie, affirma Céleste.

Je sais que tu en es capable. Et tu n'es pas seule. Tu as tes frères. Ils feraient n'importe quoi pour toi.

Rose leva un regard implorant vers le visage en forme de cœur de sa mère. Ses émotions étaient aussi brouillées que de la pâte à cookies.

— Mais s'ils gagnent, maman ?

— Mon petit doigt me dit que cela ne se produira pas. Après avoir réuni devant elle Rose, Oliver et Origan, elle ajouta :

— J'ai des enfants exceptionnels. Vous avez bon cœur, vous êtes très intelligents et vous vous entraidez. Tout se passera bien.

Rose essuya ses larmes sur la manche de sa veste. Sa mère avait raison. Tout allait s'arranger.

— J'aimerais tant que tu viennes avec nous.

— Oh, mais je serai avec vous tout le temps, rétorqua Céleste. Vous avez le meilleur de moi-même dans ces bocaux rouges. Faites-en bon usage.

Soudain, un spot rouge se mit à clignoter au-dessus de la porte.

— Vite ! s'écria Albert. Un gardien monte reprendre nos plateaux ! Déguerpissez, vite, vite !

Rose et ses frères se hâtèrent de remettre les bocaux dans la caisse et se précipitèrent dans le couloir, refermant derrière eux la porte de la prison de leurs parents.

À leur retour au laboratoire, Rose et ses frères trouvèrent les six pâtissiers étendus par terre, ficelés comme des saucissons. Ils avaient les pieds et les mains ligotés, et la bouche bâillonnée par des serviettes de table. À côté d'eux, Serge et Jacques, étalés sur le sol, reprenaient leur souffle.

— Qu'est-ce qui s'est passé ? s'affola Rose.

— *C'est horrible** ! haleta Jacques. Ils se sont mis à nous dire qu'on leur rappelait Mimie Brossard. Comment ils ont pu me confondre avec un personnage de dessin animé, *je ne sais pas**, mais c'est ce qu'ils disaient.

— Ils nous ont couru après avec des couteaux ! feula Serge. Il a bien fallu qu'on trouve un moyen de les neutraliser.

Origan disposa les douze bocaux d'amour maternel sur la table de travail.

— Comment vous y êtes-vous pris pour les ligoter ?

— Je préfère ne pas en parler, répondit Serge en fouettant l'air de sa queue, signe habituel chez lui de mauvaise humeur. Disons seulement que les chats ne sont pas des amateurs de course, et qu'en une demi-heure j'ai couru plus qu'au cours de toute mon existence.

Les pâtissiers renâclèrent et émirent des borborygmes à travers leurs bâillons.

— C'est une chance qu'on ait récolté assez d'amour maternel dans ces bocaux pour guérir une armée entière, déclara Rose.

— Où est maîtresse Céleste ? Et maître Albert ? demanda Serge. Et où est Balthazar, ce vieux grincheux tout tordu ? Vous n'avez pas réussi à entrer dans leur chambre d'hôtel ?

— Si, soupira Rose, mais ils n'ont pas pu venir avec nous.

— *Comme c'est bizarre** ! s'exclama Jacques. Pourquoi ? Ils ne voulaient pas être libérés ?

— Si, répondit Oliver, mais nous savions tous que leur libération compromettrait notre mission. Je vous rappelle que nous devons coûte que coûte anéantir la Corporation. C'est pourquoi ils sont restés enfermés. Dès que nous aurons réglé leur sort à M. Beurre et à ces dingues des Rouleaux à Pâtisserie, on les libérera.

— Si nous arrivons à les anéantir, marmonna Rose.

— Une chose à la fois, *hermana* ! reprit Oliver. D'abord, gavons nos pâtissiers et nos pâtissières d'amour maternel avant qu'ils ne démolissent ce bâtiment.

D'après la recette, il fallait employer la même pâte chocolatée que celle qui avait servi à la confection des Machins des rois. Mais quand le moment fut venu d'ajouter l'Objet de la répulsion, Rose le remplaça par une louchée rose et crémeuse d'amour maternel puisée dans un des bocaux rouges. La pâte exhalait à présent une délicieuse odeur de rose, de linge propre et de muffins tout juste sortis du four.

— J'ai confiance, assura Rose en respirant le doux parfum de sa maison natale.

— Nini me manque, gémit Origan, les larmes aux yeux.

— Mon gel coiffant me manque, geignit Oliver d'une voix chagrine en tripotant ses épis qui pendouillaient sur son front.

— Allez, les garçons, on s'y met ! s'écria Rose.

Ils enfournèrent les Machins des rois, thermostat réglé à six flammes, durée de cuisson : sept chansons. Pour la première fois depuis leur arrivée à la Corporation des Véritables Petits Gâteaux, Rose et ses frères entonnèrent bel et bien les sept chansons. En souvenir de leur séjour à Paris, Origan tint absolument à chanter « Comme d'habitude », « Belles ! Belles ! Belles ! » et cinq autres tubes de Claude François, tout en dansant « Gangnam Style ».

— Voilà comment on danse, mes amis ! lança-t-il aux pâtissiers ficelés et bâillonnés.

Une fois les petites bûches en chocolat cuites, Rose, Oliver et Origan ôtèrent de la bouche des pâtissiers les serviettes qui les empêchaient de crier.

Marge poussa un hurlement de rage.

— Ce satané matou m'a ligotée ! Cette créature damnée de Mimie Brossard !

Rose lui fourra le Machin des rois dans la bouche.

— Tenez, prenez donc un petit dessert.

Oliver et Origan procédèrent de la même façon avec les autres.

Plus Marge mâchait, plus son regard s'adoucissait. Elle leva des sourcils émerveillés, le menton tremblotant de bonheur.

— C'est incroyable ! souffla-t-elle.

— Quoi ? demanda Rose.

— J'ai des anges dans l'estomac. Une main mystérieuse vient d'envelopper mon cœur dans une serviette-éponge chaude ! Mes bras et mes jambes se liquéfient d'amour et de splendides colombes ont bâti leur tendre nid dans mon cerveau !

— Il y a une minute, vous vouliez tuer Mimie Brossard, lui fit remarquer Rose.

— Que me dites-vous là, Rosemary Bliss ? rétorqua Marge.

Rose pouffa et dénoua la ficelle qui entourait les poignets et les chevilles de Marge.

— Ça m'étonnerait que j'aie fait la moindre remarque désobligeante à propos de Mimie Brossard, protesta Marge. Elle, la pâtissière la plus charmante du monde !

— Comment le savez-vous ? Je pensais qu'elle n'était qu'un personnage de dessin animé.

— Qui ose dire du mal de Mimie Brossard, cette déesse de la pâtisserie ? s'exclama Gene qui se débarrassait des derniers liens autour de ses mains.

— C'est scandaleux ! se récrièrent Mélanie et Félanie en secouant leurs franges blondes identiques. Mimie Brossard est le top du top !

— Mimie Brossard fait croire aux gens qu'elle est virtuelle parce qu'elle est trop modeste pour se montrer en public, dit Marge. Mais moi, je connais la vérité. La cousine de la meilleure amie de ma mère a été son assistante. Je suis au courant de toute l'histoire.

— Et c'est quoi, toute l'histoire ?

Rose se percha sur un tabouret pendant que ses frères libéraient les autres pâtissiers, dont la plupart pleuraient à présent à chaudes larmes, pleins de nostalgie pour leur maison natale, les soins affectueux de leur mère et leur berceau douillet.

Marge se lança dans son récit :

— La famille Brossard habite depuis des générations la même petite ville où elle a fondé sa pâtisserie. Au plus fort de la grande crise économique, à la fin des années 1930, alors que la plupart des pâtisseries tiraient le diable par la queue, celle des Brossard prospérait. La demande de Coco

Cakes Brossard était telle qu'ils n'ont pas pu faire autrement que s'agrandir… Comme les Brossard refusaient de sacrifier la qualité de leurs confiseries en les bourrant de conservateurs et en les emballant sous plastique, ils ont transmis leur recette à des centaines de petits artisans pâtissiers de la région qui étaient au bord de la faillite. Ces boutiques franchisées parvinrent ainsi à se maintenir florissantes jusqu'à nos jours.

— Mimie Brossard vit depuis les années 1930 ? demanda Origan. Elle doit être sacrément vieille. Elle a l'air beaucoup plus jeune sur les paquets.

Marge éclata de rire.

— Mais non ! C'est un titre que porte le pâtissier ou la pâtissière le plus talentueux à chaque génération de Brossard. Quelquefois, c'est un homme, ce qui est bizarre, je vous l'avoue. En ce moment, c'est une femme.

— Un peu comme le dalaï-lama ? suggéra Oliver.

— Oui, répondit Marge, sauf qu'elle a des cheveux et un faible pour les sucreries.

— Alors Mimie Brossard est une femme normale qui aime faire des gâteaux ? résuma Rose. Elle n'est pas une invention de la Corporation ?

— Non seulement elle aime faire des gâteaux, opina Marge en éventant avec sa main son visage rouge d'excitation, mais c'est l'incarnation même de la pâtisserie. Elle a ça dans le sang. Je l'ai rencontrée une fois. Elle est plutôt petite, comme moi, avec des mains puissantes. Elle m'a touchée par mégarde, ici, sur mon bras. Je n'ai jamais lavé l'endroit.

Marge remonta sa manche et désigna une tache noire de la taille d'une empreinte de doigt.

— Ce n'est pas une tache de naissance ? dit Rose.

— Pas du tout. C'est de la suie d'une fournée de cookies que j'avais fait brûler parce que mon four était détraqué. Mimie l'a démonté et m'a aidée à le réparer. Voilà quel genre de personne c'est. Et elle est brune en plus, elle ne ressemble en rien à la grande blonde de son logo.

Le silence s'abattit sur le laboratoire tandis que tout le monde essayait d'imaginer à quoi pouvait bien ressembler une pâtissière capable à la fois de faire des gâteaux et de réparer les fours…

— Il faut qu'on la protège, déclara Origan.

— Croyez-moi, déclara Marge, l'index levé. Si Mimie Brossard vient ici et mange les Petits Gâteaux parfaits de la Corporation, les pâtissiers de ce pays perdront un trésor national. Un trésor !

Oliver mit ses poings sur les hanches et écarta les jambes à la manière d'un super-héros.

— Ne vous inquiétez pas, Marge. Cela n'arrivera pas. Les Bliss y veilleront.

Marge lança à Rose un regard perplexe.

— Et c'est censé me rassurer ? demanda-t-elle.

15

Une bouchée de Fondant mordant bourrée de mauvais esprit

— B ien, bien, qu'avons-nous là ? demanda Oliver en se frottant les mains.

L'après-midi était déjà entamé. Ils n'avaient plus que quelques heures devant eux.

Marge sortit une plaque du frigo.

— Le PCIC final, le fameux produit consommateur d'imitation culinaire auquel on a abouti, est celui-là même par lequel tout a commencé : le Fondant mordant !

Ils ressemblaient comme deux gouttes d'eau à celui que Rose avait vu sous le globe en verre : deux disques à la consistance identique à celle des cookies avec, entre les deux, une couche de glaçage blanc.

— Quand on en a préparé une fournée avec l'ancienne chef, expliqua Marge, on est tous tombés par terre. On ne pouvait pas s'arrêter de donner des coups de pied, comme si on avait perdu le contrôle de nos jambes. C'était terrible, mais pas dans le bon sens du terme.

— Voyons voir de quel ingrédient magique cette sorcière de magicienne s'est servie, dit Origan.

Marge fouilla dans un placard et en sortit un bocal en verre rouge qui renfermait un vieux bout de bois noueux.

— C'est la chef qui l'a apporté, déclara-t-elle. Elle nous a priés de le manipuler avec délicatesse car il est fragile et très ancien.

Rose examina le bout de bois. Il était aussi noir qu'un morceau de charbon et on aurait dit qu'il bougeait. Plus Rose le fixait, plus il semblait animé de pulsations, comme s'il avait un cœur. Comme s'il était *vivant*.

— Je parie qu'il vient d'un arbre maléfique, avança Origan.

Oliver approuva.

— Voyons, est-ce qu'il y aurait dans *L'Apocryphe* une référence à de l'écorce, à des brindilles ou à un bout de bois ?

Oliver et Origan se penchèrent par-dessus l'épaule de leur sœur pendant qu'elle feuilletait le recueil jusqu'à la dernière page où, tout à coup, un détail retint son attention.

— Ce n'est pas du bois, expliqua-t-elle, mais une racine de gingembre.

AU COMMENCEMENT : LA MALÉDICTION DU MAUVAIS ESPRIT

En l'an 1699, dans l'ancien village de Tyree, en Écosse, vivaient deux frères, Filbert et Albatross. Ils descendaient tous deux d'une longue lignée de pâtissiers-magiciens dont le patronyme était Bliss. Alors qu'ils jouaient dans la forêt, ils firent la rencontre d'un mauvais esprit. C'était la créature la plus rare et la plus dangereuse de ce lieu. Un esprit de la mort, voilà ce qu'elle était. Le mauvais esprit salua les garçons, qui tous deux avaient la tête couronnée de cheveux roux, et leur dit : « Voici une racine de gingembre, pour deux frères à la chevelure d'ambre. » Il tendit aux deux frères un rhizome noueux et ajouta : « Quoi que vous fassiez, ne vous avisez jamais de le râper et de l'ajouter à une fournée de pain d'épice. »

Une semaine plus tard, Filbert s'éveilla au milieu de la nuit. Albatross, dans la cuisine, était en train de râper le rhizome dans un saladier de pâte à pain d'épice. « Le mauvais esprit nous l'a interdit ! » s'écria Filbert. Il saisit le rhizome et alla le cacher là où Albatross n'irait jamais le chercher : au fond d'un étang, car Albatross avait une peur bleue de l'eau. Alors que nous écrivons ces mots, le rhizome n'a jamais été récupéré dans le lac et la mise en garde du mauvais esprit tient toujours.

On dit qu'Albatross mangea pourtant de son pain d'épice, mais il ne révéla jamais quels en furent les effets. Jusqu'à ce jour encore, nous en ignorons donc tout.

— Apparemment, nous ne sommes pas la première paire de frères rouquins de la famille Bliss, commenta Origan en bombant le torse.

— C'est même pas une recette ! se plaignit Oliver.

— Comme c'est bizarre, dit Rose en se grattant la

tempe. Oliver a raison, ce n'est pas vraiment une recette. Ce serait plutôt un avertissement. De toute évidence, ce mauvais esprit est dangereux.

— Quel peut bien être le rapport avec le Fondant mordant ? se demanda tout haut Oliver. C'est un gâteau au chocolat, pas au gingembre.

Rose haussa les épaules.

— Tu as raison, on n'en sait rien.

— On devrait essayer quand même, non ? proposa Origan.

— Peut-être, mais on n'en connaît pas les effets. Si maman et papa étaient ici, ils sauraient peut-être… Moi, je ne vois pas du tout…

Elle se tut, déconfite.

Une pensée lui traversa soudain l'esprit : elle devrait peut-être remplacer la partie chocolatée du Fondant mordant par la recette du Pain d'épice au chocolat Bliss. Quant à l'ingrédient du mauvais esprit, elle s'en méfiait mais elle n'avait pas le choix.

Elle se tourna vers les pâtissiers.

— Vous m'avez bien dit que lorsque Lily s'est servie de cette racine de gingembre, vous vous êtes roulés par terre en donnant des coups de pied ?

— Oui, confirma Gene. Pourtant, elle n'en avait mis qu'une pincée. Elle n'avait pas l'air tranquille. Elle en a à peine saupoudré la pâte.

Rose fit la grimace.

— Ça me paraît très dangereux, dit-elle. Et si c'était l'ingrédient magique qui a fait qu'Albatross a si mal tourné ?

— Rien ne saurait m'enlever mes bonnes vibrations ! affirma Marge. En tout cas, pas cette vieille racine biscornue. Grâce à l'amour maternel, je marche sur des nuages.

Elle leva les bras au ciel et esquissa un pas de danse sautillant.

— Allez, venez, Rosemary Bliss ! On va gagner !

Gene dirigea l'équipe de pâtissiers chargés de préparer le glaçage blanc de la garniture pendant que Rose ouvrait le bocal contenant la racine du mauvais esprit.

Elle n'avait pas plutôt dévissé le couvercle qu'une odeur infecte remplit la cuisine : un mélange de pain d'épice et d'œuf pourri. Rose se boucha le nez.

— Berk, *mi hermana*, gémit Oliver, plié en deux.

Rose lâcha son nez et prit soin de respirer par la bouche. Elle plongea la main dans le bocal et en extirpa le bout de bois noueux qui se mit à tressauter dans sa paume.

— Vite ! dit-elle à ses frères en le jetant sur une table en inox. Râpez-en un bout avant qu'il… je ne sais pas ce que ce truc peut faire.

Les yeux ruisselants de larmes, Oliver et Origan râpèrent la totalité de la racine du mauvais esprit, bientôt réduite à un petit monticule de poudre. La puanteur était telle que tout le monde se bouchait le nez.

Marge et Rose préparèrent deux lots de pâte à pain d'épice au chocolat. Pour ce faire, elles versèrent dans deux gigantesques saladiers plusieurs énormes briques de beurre industriel, plusieurs paquets de cinq kilos de sucre chacun, cinq cageots d'œufs, assez de farine et de poudre de cacao pour remplir un bac à sable et un litre et demi d'essence de vanille.

Rose et les pâtissiers ne travaillaient ensemble que depuis quatre jours, mais ils formaient une équipe du tonnerre. Finis les horribles sourires terrifiés qu'ils affichaient pour le bénéfice de M. Beurre. Finie la propreté maniaque. Il y avait plus de pagaille dans le laboratoire, mais ils étaient plus efficaces. Chacun vaquait à sa tâche et personne ne se marchait sur les pieds. Ils étaient détendus, concentrés sur leur travail, et…

Un large sourire se forma sur le visage de Rose.

— Qu'est-ce qu'il y a ? demanda Marge qui suspendit son geste, sa spatule en l'air.

— C'est juste que… chacun ici paraît si content, répondit Rose avec un haussement d'épaules.

— Évidemment ! répliqua Marge. Grâce à vous, d'ailleurs. Tout ce à quoi on aspire, c'est faire ce qu'on aime faire et le faire bien. Vous êtes la première personne à nous avoir permis de nous accomplir.

« Faire ce qu'on aime et le faire bien… » C'était aussi tout ce à quoi aspirait Rose. C'était la raison pour laquelle elle était tombée amoureuse de la pâtisserie : créer des friandises capables de rendre heureux les habitants de Calamity Falls la remplissait elle-même de bonheur.

Un peu plus tard, alors que la pâte tournoyait dans les mixeurs géants, Rose fut stupéfaite de voir que des larmes coulaient sur les joues de Marge.

— Oh, Marge ! Qu'est-ce qui ne va pas ?

— Demandez plutôt qu'est-ce qui va, Rose, répondit Marge. Après avoir mangé ces Machins des rois infusés à l'amour maternel, je me suis d'abord sentie aussi légère qu'une plume. Et puis quelque chose s'est cassé dans ma tête. J'ai cru que c'était un plombage dans une molaire, puis je me suis rendu compte que c'était un déclic mental.

— Un déclic mental ?

— Je n'ai pas envie d'être ici. Pas du tout. Cette usine, cet emploi ? Ce n'est pas l'avenir dont je rêve. J'aime pâtisser, c'est vrai. Je n'ai rien contre la pâtisserie, et vous êtes une pâtissière merveilleuse… Mais ici, je me sens plus comme une ouvrière qui travaille à la chaîne que comme une créatrice de friandises.

Rose sourit. Marge n'avait pas tort : l'usine de la Corporation des Véritables Petits Gâteaux ne correspondait pas le moins du monde à l'image qu'elle se faisait d'une cuisine idéale.

— Il y a pire ! continua Marge. En fait, mon cœur n'appartient pas à la pâtisserie… Il appartient, il a toujours appartenu… au ciel !

Marge leva les yeux au plafond.

— Au ciel, Marge ?

— J'aurais dû réaliser mon rêve d'enfant. Je rêvais de devenir conductrice de montgolfière. Je rêvais de voguer au-dessus de la cime des arbres. J'aurais emmené des jeunes mariés en voyage de noces en ballon. J'aurais respiré l'air pur de la haute montagne. C'est là qu'est ma place, Rose. Là-haut. Pas ici, sur la terre.

Marge s'assit à côté d'un des énormes mixeurs et posa le menton sur ses mains. Sa toque tomba sur le sol dans un doux bruissement.

Rose s'accroupit auprès d'elle.

— Pourquoi ne l'avez-vous pas réalisé ?

— Parce que je n'ai pas le physique de l'emploi. Je suis

ce qu'on appelle une « femme ronde ». J'ai toujours eu quelques kilos de trop. Quand j'étais petite, mes parents m'ont mise au régime. Je ne mangeais plus que des haricots verts et du blanc de poulet cuits à la vapeur. Je n'ai pas perdu un gramme. Quand je leur ai dit que je voulais devenir conductrice de montgolfière, ils m'ont ri au nez et ont prétendu que, lesté de mon poids, le ballon refuserait de quitter le sol. J'avais six ans, mais j'ai compris le message. Dès que j'ai eu mon bac, j'ai été embauchée dans cette usine. Je me suis dit que travailler dans les gâteaux m'irait comme un gant, puisque j'ai l'air d'en manger des tonnes.

Marge marqua une pause, au bord des larmes. D'une voix chevrotante, elle précisa :

— Je n'aime même pas tellement ça, les gâteaux.

— Pourquoi vous ne donnez pas votre démission ? Vous pourriez suivre une formation de conductrice de ballon, non ? suggéra Rose.

— Non, c'est impossible ! Je suis trop vieille et puis j'ai trop peur de M. Beurre. Il m'a dit que ma place était ici, soupira Marge, et il a sans doute raison.

Rose déposa un baiser sur la joue rebondie de la sous-chef.

— À mon avis, vous êtes libre d'exercer le métier qui vous plaît, Marge.

Marge lui donna de grandes claques dans le dos qui manquèrent de faire basculer Rose sur les genoux.

— Vous savez quoi ? Vous êtes une vraie amie, vous avez bon cœur. Je suis fière de vous connaître.

Rose se demanda ce qui se serait passé ces derniers

jours si Marge n'avait pas été là. Cette seule pensée était si affreuse qu'elle la repoussa de toutes ses forces.

— Merci, Marge. Je suis fière de vous connaître, moi aussi.

Marge s'éclaircit la gorge et s'essuya le visage du revers de sa veste blanche.

— Bien. Maintenant, les amis, il n'y a plus une seconde à perdre ! On n'a plus qu'une heure et demie pour terminer cette recette. Quelqu'un peut m'apporter la poudre de gingembre ?

Oliver et Origan approchèrent. Ils portaient chacun une verre doseur plein de ce qui ressemblait à de la sciure de bois.

— Combien faut-il en mettre ? demanda Rose. Plus d'une pincée, puisque c'est ce qu'avait mis Lily et que ça n'a pas marché.

— Moi, je dis : on met tout. *Todo el jengibre !* décréta Oliver.

Sans laisser à Rose le temps de l'en empêcher, Origan versa le verre entier dans un des deux mixeurs de pâte chocolatée. La racine râpée fut engloutie dans un tourbillon tandis que les pales continuaient à tourner.

— Nous en avons mis une méga-pincée, conclut Rose.

Elle espérait qu'ils ne s'étaient pas trompés.

Une demi-douzaine de chansons plus tard, la première tournée de Fondants avait assez refroidi pour subir l'épreuve du glaçage. Oliver et Rose enduisirent six gâteaux de crème et en placèrent six autres par-dessus.

— Je suppose que c'est maintenant ou jamais, lança Rose.

Elle se figura les six pâtissiers prenant feu ou se transformant en tas de poussière, ou encore tombant raides morts.

— Attendez ! s'écria Origan. Ils ne devraient peut-être pas tous en manger. Après tout, on ne sait pas l'effet qu'ils peuvent avoir.

— De toute façon, je n'en veux pas, dit Marge. Je n'aime pas le gingembre. Et puis je suis terrifiée.

Comme pour souligner ses paroles, son estomac se mit à gargouiller.

Gene poussa Ning devant lui.

— Nous, on va essayer.

— Tu crois ? hoqueta Ning, la main plaquée sur la bouche.

— Oui, affirma Gene en lui tapant dans le dos. Bien sûr que oui. On est des pâtissiers, non ? Alors noblesse oblige !

Joignant le geste à la parole, Gene enfonça un Fondant mordant plein de mauvais esprit au gingembre dans la bouche de Ning, puis s'en fourra un dans la sienne.

Les deux hommes restèrent quelques instants à mastiquer. Rose, Oliver, Origan et le reste de la brigade les regardaient, sidérés. Dans le silence, Rose n'entendait que les battements de son cœur.

Soudain, Gene proclama :

— Je me sens super bien !

Il plia les genoux et se mit à tourner sur lui-même comme une toupie démente. Une seconde plus tard, Ning fit de même. Ni l'un ni l'autre ne parlaient, mais leurs yeux étaient grands ouverts et leur visage tordu par une grimace. Tout à coup, ils levèrent le bras droit en l'air, et celui-ci se mit à trembler comme une branche d'arbre dans la tempête. Ensuite, c'est le gauche qui pointa vers le ciel.

« Quelle danse étrange », se dit Rose.

L'instant d'après, ils se jetèrent au sol et se contorsionnèrent comme des reptiles.

Rose se précipita vers les deux pâtissiers dont les corps n'étaient plus qu'un nœud de souffrance.

— Qu'est-ce qui ne va pas ?

Gene et Ning cessèrent de bouger.

— Au secours ! fit Mélanie. On dirait des spaghettis mouillés !

Rose s'agenouilla et les secoua. Les deux pâtissiers ne réagirent pas.

Voilà pourquoi ses parents auraient dû l'aider. Rien de pareil ne se serait produit si elle les avait ramenés au laboratoire.

Au bout d'un moment, Gene et Ning se relevèrent, se regardèrent, puis se mirent à s'épousseter et à rajuster leurs vêtements.

— J'ai l'impression que ça m'a rien fait, déclara Gene.

— Ouais, je me sens tout ce qu'il y a plus normal, renchérit Ning.

Mais Rose voyait bien que leurs yeux étaient d'un vert brillant presque fluo. Un vert de mauvais augure… ensorcelé.

Gene et Ning avisèrent sur la table le plateau avec les quatre cookies qui restaient.

Gene tira le plateau vers lui.

— Je pense que pendant qu'on y est on devrait manger les derniers.

— Super bonne idée, approuva Ning en tirant à son tour le plateau pour le rapprocher de lui.

Ils se disputèrent ainsi le plateau jusqu'à ce que Ning fourre les quatre cookies dans la poche de son tablier.

Gene se rua sur lui. Ils roulèrent tous les deux par terre et se rouèrent de coups.

— Donne-moi ces cookies ! hurlait Gene.

— Jamais de la vie ! rugissait Ning.

Gene griffa Ning au visage, lui imprimant trois estafilades rouges sur la joue.

— Cookies cookies cookies ! hurla-t-il.

Ning avait l'air d'avoir été attaqué par une panthère, mais il ne semblait éprouver aucune douleur. Il se bornait à riposter en donnant des coups de tête à Gene.

— Qu'on les sépare ! s'affola Rose. Ils sont devenus insensibles ! Ils vont s'entre-tuer !

Oliver s'empara de Ning, le traîna jusqu'au quartier des pâtissiers, le balança à l'intérieur, puis se dépêcha de fermer la porte à clé. Gene continuait à arpenter le laboratoire, soufflant comme un bœuf. Finalement, il courut vers la porte du quartier des pâtissiers et tenta de la défoncer à coups d'épaule.

— Cette porte ne va pas tenir ! hurla Marge. Il faut qu'on guérisse ces deux-là, et vite !

Rose relut la recette de *L'Apocryphe*. La situation était désespérée. Ce n'était pas une vraie recette, et il n'y avait pas l'ombre d'un antidote. À moins qu'elle n'en invente un elle-même tout de suite avant que Gene et Ning ne s'écharpent.

Elle passa rapidement en revue les bocaux rouges qu'ils

avaient sous la main, écarta ceux qui renfermaient des papillons de nuit phosphorescents, des queues d'arc-en-ciel, des champignons qui parlent.

— Je ne sais pas quoi prendre ! s'écria-t-elle.

— On dirait que la racine de gingembre a dressé le frère contre son frère, fit remarquer Origan.

Rose se rappela de nouveau ses parents et Balthazar enfermés dans la chambre d'hôtel. Ils étaient persuadés qu'elle réussirait à les en sortir. « Réfléchis, Rose, réfléchis bien… »

Soudain, elle eut l'impression qu'une ampoule s'allumait dans sa tête.

— Des frères, dit-elle tout haut.

Vite, elle trouva le bocal au milieu duquel brillait un caillou ovale. L'étiquette indiquait : PIERRE FRATERNELLE.

— Qu'est-ce que je fais de ça ? cria-t-elle en se précipitant vers le deuxième saladier de pâte chocolatée.

— Et si tu le jetais dedans, tout simplement ? souffla Origan.

Rose lâcha le caillou dans le mélange et fit redémarrer le robot.

— Et une pincée de gingembre pour rehausser le goût, compléta Marge en ajoutant une bonne poignée de poudre de gingembre classique.

Alors que les pales se remettaient en marche, la surface de la pâte s'aplatit au point de devenir aussi lisse et luisante qu'un miroir. Rose se pencha au-dessus du bol et vit deux garçons aux cheveux roux vêtus, à la mode de l'ancien temps, d'une tunique et d'une culotte courte, qui se serraient la main d'un air complice. Ils sautillaient en riant et en tournoyant sur eux-mêmes. Soudain, l'image disparut et la pâte retrouva son aspect normal pile à l'instant où, dans un vacarme épouvantable, Gene parvint à enfoncer la porte du quartier des pâtissiers.

Marge s'empara de la ficelle qui avait déjà servi à Serge et Jacques.

— Ligotez-les !

Elle en lança une pelote à Jasmine qui se mit à courir en rond autour de Gene et de Ning. Ils ne tardèrent pas à être ficelés dos à dos, incapables de bouger : deux chenilles dans la même chrysalide.

— Pouf ! Pouf ! souffla Jasmine après avoir fait un double nœud terminé par une belle boucle.

Ning et Gene, sans un mot, continuèrent à se tortiller un moment avant de s'effondrer sur le sol.

— N'essayez pas ça chez vous ! prévint Marge comme si elle était à la télé.

La sonnerie du minuteur signala que les cookies étaient cuits. Rose en fourra un dans la bouche de chacun des deux enragés. Ils mastiquèrent, avalèrent et parurent s'apaiser. La lueur vert fluo dans leurs yeux s'éteignit peu à peu.

Rose retint sa respiration et les libéra de leurs liens.

Au lieu de se battre, Gene et Ning échangèrent la même poignée de main complice que les deux frères rouquins dans la vision de Rose. Les deux pâtissiers sautillèrent sur place en s'esclaffant et en s'entrechoquant les poings. On aurait dit qu'ils avaient préparé un numéro. À la fin, ils tombèrent dans les bras l'un de l'autre.

— Je suis désolé, Gene ! s'écria Ning à la vue des griffures sur le visage et les bras de son ami.

— Moi aussi, je suis désolé, rétorqua Gene, le doigt pointé sur l'énorme œuf de pigeon sur le front de Ning. Comment est-ce qu'on a pu se battre comme des chiffonniers ? On appartient tous à la même famille, mec !

— C'est bien vrai ! approuva Ning.

Encouragés par Gene et Ning, tous les pâtissiers se mirent à s'embrasser fraternellement.

— J'adore les câlins, fit Félanie d'une voix douce.

Rose porta le Fondant mordant à la racine du mauvais esprit jusqu'à une vitrine réfrigérée à roulettes et le plaça sous une cloche de verre. Sous les quatre autres cloches, il y avait déjà respectivement une Tartelette lunaire, un Arc-en-boule, un Beignet mini mignon et un Machin des rois. Car pendant que Rose et ses frères étaient partis voir leurs parents, la brigade pâtissière n'avait pas chômé.

Rose contempla le résultat du travail de ces derniers jours. Ces cinq petits gâteaux, s'ils devaient être reproduits à l'identique, avaient le pouvoir de réduire la planète entière en esclavage.

Elle rangea le Fondant mordant antidote dans le réfrigérateur où ils stockaient les autres antidotes, au cas où quelqu'un en aurait besoin.

— Et si les membres de la Société Internationale des Rouleaux à Pâtisserie mangeaient un de ces petits gâteaux ? murmura Rose à ses frères.

— C'est une bonne idée, *mi hermana*, répondit Oliver. Mais d'abord, il va falloir s'occuper de M. Beurre. Et, à mon avis, la pierre fraternelle ne suffira pas à le guérir. Il a l'esprit sérieusement dérangé. Quand je pense qu'il a envie d'être le maître du monde autant que je désire être l'objet de l'adoration de toutes les femmes de la planète...

— Le plus important, c'est de veiller à ce que Mimie Brossard ne mange aucun des petits gâteaux magiques de *L'Apocryphe*, dit Rose.

Serge et Jacques, qui étaient montés faire une sieste bien méritée, descendirent l'escalier en colimaçon, Jacques accroché au cou de Serge tel un maharaja juché sur un éléphant. Le chat sauta sur la table de préparation et se prêta de bonne grâce aux caresses de Marge.

— La seule façon de m'empêcher de manger des gâteaux, ce serait de me transformer en quelqu'un d'autre, fit observer celle-ci, pensive.

Rose leva les yeux au plafond comme pour y chercher l'inspiration.

— Ça y est ! s'exclama-t-elle. J'ai trouvé ! Personne ne sait à quoi ressemble Mimie Brossard ?

— Moi, si, objecta Marge. Je vous l'ai déjà décrite. Haute comme trois pommes, avec des mains fortes. Et c'est une brune.

— Mais Beurre ne le sait pas, lui ! répliqua Rose. En ce qui me concerne, elle est le portrait craché du dessin sur ses paquets : une grande blonde coiffée au carré.

— Et où on va trouver une grande blonde coiffée au carré ? intervint Origan. Bon, Oliver est tellement beau qu'il pourrait se faire passer pour un top-model. Mais il a pas de perruque blonde...

Il y eut un long silence. Finalement, Mélanie s'arracha

aux étreintes affectueuses de ses collègues et se rua en avant, les bras en l'air.

— Moi, si !

Félanie se précipita à la suite de sa sœur en se tenant la tête à deux mains.

— Moi aussi !

Rose regarda tour à tour les jumelles et haussa les sourcils.

— Vous portez toutes les deux des… perruques ?

— Non, dit Félanie. Juste Mélanie.

— On n'est pas de vraies jumelles, expliqua Mélanie. Nous sommes sœurs et nous avons toujours voulu être pareilles…

Elle tourna la tête d'un côté puis de l'autre pour qu'ils puissent tous admirer son casque de cheveux blonds. Après quoi, elle tira dessus et la perruque se détacha de son crâne qui se révéla couvert d'un duvet noir.

— Au naturel, je suis brune, déclara Mélanie, la lèvre inférieure tremblotante.

Jasmine étouffa un cri. Rose entendit Jacques murmurer :

— *Sacrebleu** !

— En général, je me décolore les cheveux, mais la semaine dernière j'ai massacré ma coupe, continua Mélanie. Comme j'étais gênée, je me suis tondu la tête et j'ai acheté ce truc en attendant que ça repousse.

Rose écarquilla les yeux en voyant Mélanie remettre sa perruque. Puis elle jeta un coup d'œil à son grand frère qui dépassait les « jumelles » d'une bonne tête.

— Oliver, si tu te déguisais en Mimie Brossard, ce

serait un bon moyen de la protéger. Nous avons appris qu'elle est attendue ici même, à l'usine de la Corporation !

— Non, non, non, répondit Oliver, les deux mains levées en signe de protestation. De toute façon, comment tu feras pour empêcher la vraie Mimie Brossard de se pointer ?

Pendant que les pâtissiers se creusaient la cervelle pour trouver une réponse, Serge sauta sur la table près de Rose, s'assit en enroulant sa queue autour de lui et se pencha vers elle pour lui murmurer :

— Je veux bien me charger de cette mission. Le Chatappel peut de nouveau se rendre utile. Ce ne devrait pas être difficile.

Marge réagit au quart de tour.

— Mes amis ! tonna-t-elle. Il faut salir ce laboratoire pour mieux berner M. Beurre. Je veux que cet endroit ait l'air d'avoir essuyé une tornade après la création du petit gâteau le plus puissant à ce jour, le Fondant mordant à la racine du mauvais esprit.

Gene et Ning ne firent ni une ni deux : ils ramassèrent à pleines poignées le reste de pâte chocolatée et en bombardèrent les murs, le sol et le plafond.

Marge posa la main sur l'épaule de Rose.

— Rosemary Bliss, vous avez besoin d'une petite sieste. Vous avez la mine d'une jeune fille qui n'a pas fermé l'œil depuis des jours et des jours.

« Elle a raison », se dit Rose en étouffant un bâillement. Même si elle s'était réveillée seulement quelques heures plus tôt, toute cette activité l'avait éreintée. Elle voulut prendre les fiches de recettes et les bocaux d'amour maternel, mais Marge l'en empêcha.

— Laissez, dit-elle. Je sais ce qu'il faut faire avec ces précieuses choses. Pour la première fois de ma vie, je suis sûre de moi.

Ces paroles ne parurent pas à Rose d'une clarté limpide, mais elle était trop fatiguée pour réclamer des explications. Alors qu'elle gravissait l'escalier en colimaçon, elle entendit Marge ordonner à Oliver :

— Et vous, beau jeune homme… On va vous trouver la tenue adéquate.

16

Il faut savoir s'esquiver

Deux heures plus tard, alors que le hurlement des sirènes et le clignotement des spots rouges annonçaient l'arrivée imminente de M. Beurre, Rose bondit hors de son lit. Elle ne savait plus du tout où elle se trouvait.

Dans le rêve dont elle émergeait, elle avait été de retour dans sa chambre de Calamity Falls. Les flashs des paparazzis illuminaient sa fenêtre. Elle revivait cette matinée vieille d'un mois et faisait le vœu que tout cela disparaisse et n'ait jamais existé.

Elle reprit conscience de ce qui l'entourait à la vue du laboratoire en contrebas.

— J'aimerais être rentrée à la maison et que tout redevienne comme avant, marmonna-t-elle.

Du haut de la commode où il faisait la sieste, le chat lui lança :

— Toi et tes vœux ! Je t'avais prévenue, pourtant !

Serge se leva et s'étira de tout son long, le dos arqué en accordéon.

— Désolée. Je suis tête en l'air.

— Pas de souci, celui-là était un bon vœu…

Il jeta un coup d'œil vers les tables de préparation et ajouta :

— Tu ferais mieux de t'y mettre.

Rose attrapa sa toque au passage et dévala l'escalier. Elle venait de sauter la dernière marche quand M. Beurre émergea du monte-charge, seul, sans M. Kerr ni voiturette de golf. En dépit de son costume gris perle, de sa chemise à rayures et de ses mocassins noirs, il avait l'air d'un petit garçon entrant dans un salon où l'attend une montagne de cadeaux.

Le laboratoire ressemblait à un champ de bataille. Gene et Ning étaient allongés par terre, une poche de glace sur le front. La porte du quartier des pâtissiers gisait cassée en deux sur le sol. Mélanie, qui avait prêté sa perruque à Oliver, arborait un crâne presque aussi chauve que celui de M. Beurre. Oliver et Origan n'étaient nulle part en vue.

M. Beurre trempa le doigt dans les grumeaux de pâte au chocolat qui couvrait le plan de travail.

— Merveilleux ! s'exclama-t-il.

Après s'être essuyé le doigt, il dodelina de la tête.

— On dirait que le Fondant mordant a mal tourné, comme vous tous, d'ailleurs ! Quelle pagaille ! Toutefois, c'est pour la bonne cause !

Il tapa dans ses mains au-dessus de sa tête.

— Vous. Êtes. Des. Héros ! proclama-t-il. La Corporation des Véritables Petits Gâteaux saura vous montrer sa reconnaissance !

Il fit la tournée des pâtissiers étendus sur le carrelage et leur serra la main à tous.

— Chef Bliss. Merveilleux. Marge, superbe. Jas… mine ? Oui…

Arrivé à Gene et Ning, sa langue fourcha.

— Ping. Steve. Excellent travail.

Quand il parvint devant Mélanie et Félanie, sa mémoire le lâcha tout à fait.

— Jumelle blonde numéro un. Jumelle blonde numéro deux. Vous avez fait du bon boulot !

Il remarqua la boule à zéro de Mélanie et lui demanda :

— Jumelle blonde numéro deux, vous n'aviez pas de longs cheveux blonds ce matin ?

— Elle me cassait les pieds ! expliqua Félanie du tac au tac. Alors je lui ai mis la boule à zéro.

— Bravo, acquiesça M. Beurre sans se laisser démonter. Cette équipe de recherche culinaire a travaillé très dur, mais il nous reste peu de temps avant que Mimie Brossard nous fasse l'honneur de sa visite ! Elle sera là dans une heure. Alors, tous sous la douche ! Et que ça saute ! La fête commence bientôt !

Marge prit la tête du cortège de pâtissiers et ils franchirent l'ouverture dépourvue de porte qui menait aux dortoirs. Pendant ce temps, M. Beurre et Rose allèrent examiner les funestes petits gâteaux dans leur vitrine réfrigérée à roulettes.

M. Beurre louchait sur les minuscules friandises.

— Voici votre œuvre !

Rose s'obligea à sourire, mais elle n'en menait pas large. La mine de ces gâteaux ne lui disait rien qui vaille. Le Fondant mordant n'aurait pas dû être aussi mince et l'Arc-en-boule avait un glaçage d'une teinte magenta tout à fait suspecte. La Tartelette lunaire était bombée au milieu, comme une soucoupe volante, et la bûche du Machin des rois était plus longue que ne l'autorisaient les spécifications du règlement de la Corporation. « Quelqu'un a fait joujou avec ces friandises. » Rose ouvrit la bouche :

— Ce ne sont pas…

Marge, derrière elle, termina sa phrase à sa place.

— … l'œuvre des petites mains de la cuisine. Nous autres pâtissiers devons tout à notre chef, Rosemary Bliss !

— Hip hip hip ! hourra ! Hip hip hip ! hourra ! s'écrièrent en chœur les pâtissiers.

Ces acclamations auraient pu émouvoir Rose si elle n'avait pas été malade à l'idée que ces petits gâteaux étaient un tel condensé de mal. Elle essuya une larme.

— C'est touchant, soupira M. Beurre. Maintenant, mademoiselle Rosemary Bliss, je vous ai réservé une tâche très spéciale. Votre dernière mission en qualité de chef pâtissière sera de présenter ces échantillons à notre invitée d'honneur : Mimie Brossard. Comme vous le savez, elle nous rend visite ce soir même. Elle sera très impressionnée, je crois, par votre victoire au Gala des Grands Gâteaux Géants, si impressionnée qu'elle mangera tout ce que vous lui donnerez sans poser de question.

— Je ne sais pas si je peux faire ça, bredouilla Rose.

M. Beurre leva vers elle un poing menaçant.

— N'oubliez pas que je retiens toujours votre famille en otage. Ils pourraient bien demeurer mes hôtes pendant, mettons très longtemps. Tout comme vous !

Rose baissa les yeux.

— Et ne croyez pas, continua M. Beurre, que je ne

verrai pas la différence si vous donnez à Mimie Brossard les petits gâteaux parfaits ou une version antérieure de nos produits. Vous avez fait du bon boulot jusqu'ici, mademoiselle Bliss, et vous comprenez à quel point nos gâteaux doivent être… *puissants* !

Il marqua une pause pour prendre une grande inspiration avant de déclarer :

— Si Brossard ne pète pas les plombs à la première bouchée, je saurai que vous m'avez berné et je prendrai les mesures qui s'imposent…

Le visage de M. Beurre fut agité de tics.

— On s'est bien compris, tous les deux ? conclut-il dans un souffle.

Rose fit oui de la tête.

— Maintenant, préparerons un plateau spécial, d'accord ?

M. Beurre plongea la main sous les globes en verre et sortit la Tartelette lunaire, l'Arc-en-boule, le Beignet mini mignon, le Machin des rois et le Fondant mordant. Il les plaça sur un plateau en argent gravé d'élégantes arabesques qui faisaient penser à des queues d'oiseau de paradis.

— Je vais le porter moi-même, décréta-t-il, et c'est vous qui le donnerez à Mimie Brossard. Elle va l'adorer.

— Je l'espère, dit Rose.

Marge et elle avaient un plan, mais allait-il marcher ? Marge devait cacher les antidotes aux friandises dans son sac et, en temps voulu, les échanger avec les maléfiques petits gâteaux que M. Beurre avait disposés sur le plateau. Oliver, déguisé en Mimie Brossard, mangerait les antidotes, qui n'auraient aucun effet sur lui. Mais il jouerait la comédie pour faire croire qu'il était devenu une Mimie Brossard meurtrière, un zombie facilement contrôlable, afin que M. Beurre ne soupçonne rien.

Ce n'était peut-être pas génial, mais ils n'avaient rien de mieux.

Pendant ce temps, la *vraie* Mimie Brossard, avertie par Serge et le Chatappel, grignoterait des chips chez elle, bien tranquille sur son canapé.

Rose entendit le son de trompettes lointaines.

— Quel est ce bruit infernal ? s'écria M. Beurre. Qui joue de la trompette ? La musique est interdite sur le complexe !

Marge et les autres pâtissiers regardèrent M. Beurre avec des mines perplexes.

À cet instant, le monte-charge hissa des profondeurs du bâtiment un M. Kerr haletant qui se tenait la poitrine à deux mains.

— Monsieur Beurre… Mimie Brossard… Elle est arrivée.

— Déjà, maugréa M. Beurre en portant la main à son front. On ne l'attendait pas avant une heure !

— Elle est en avance, souffla M. Kerr.

— Bon ! Venez, Rose, Marge, entassez-vous dans la voiturette de golf.

M. Beurre serrait si fort le plateau en argent qu'il en avait les jointures blanches comme de la craie.

Marge adressa à Rose un clin d'œil complice et tapota son sac.

— Advienne que pourra, murmura Rose.

Personne ne pipa mot dans la voiturette de golf que M. Kerr conduisait vers le bâtiment principal du complexe industriel pâtissier, celui où Rose avait été briefée après son kidnapping et qui abritait le mausolée du Fondant mordant.

M. Beurre poussa Rose et Marge devant lui pour leur faire franchir la somptueuse porte à double battant en acier inoxydable.

— Vite ! La presse a été convoquée ! C'est un moment historique qui se prépare !

À l'intérieur, des centaines de robots-pieuvres tournicotaient, sautaient sur place et filaient de-ci, de-là. Ils fabriquaient les PCIC. Avec des gestes parfaitement synchronisés, ils fourraient les petits gâteaux à l'aide de seringues, emballaient sous cellophane les Tartelettes lunaires. Un ballet mécanique réglé comme du papier à musique. Rose n'en revenait pas.

Elle remarqua qu'en fait les robots étaient contrôlés à distance par une brigade d'une centaine de pâtissiers équipés de gants blancs électroniques. Dès qu'un pâtissier esquissait un geste, tous les robots suivaient le mouvement au quart de tour.

— Incroyable, murmura Rose.

— N'est-ce pas ? Venez, ajouta M. Beurre. Nous devons nous mettre en place pour la recevoir.

Un épais tapis rouge avait été déroulé sur toute la longueur de l'usine. Une foule de photographes et de journalistes attendaient derrière un gros cordon en velours rouge. À l'opposé, il y avait un orchestre de trompettistes.

Les flashs crépitèrent tandis que Rose, Marge et M. Beurre

s'avançaient vers une table somptueuse dressée sur une estrade pile sous le mausolée en verre du Fondant mordant. Soudain, les photographes levèrent leurs appareils au-dessus de leur tête, braquant leurs objectifs en direction de la porte dont les deux battants venaient de s'ouvrir. Les trompettes sonnèrent et la lumière flamboyante du soleil couchant embrasa la salle.

Rose plissa les yeux. À contre-jour, elle ne distinguait qu'une longue silhouette qui semblait avancer en flottant sur le tapis. Est-ce qu'elle volait ? se demanda-t-elle, assourdie par le vacarme des cuivres et les détonations des canons à confettis qui explosaient dans son dos à intervalles réguliers.

Les deux battants de la porte se refermèrent, et une voiturette de golf remonta au ralenti le tapis rouge vers la table du banquet.

Son chauffeur était un adolescent qui portait un short à pinces, un tee-shirt et une toque de chef. Avec ses lunettes surdimensionnées qui lui barraient le visage, il évoquait une mante religieuse géante. Il conduisait avec décontraction, une seule main sur le volant, le coude sur la portière. Mais malgré la toque et les lunettes de soleil, Rose aurait reconnu ces joues roses et poupines n'importe où. Le chauffeur n'était autre qu'Origan.

Debout dans le véhicule comme sur un char de parade, se tenait une grande femme mince, au rouge à lèvres écarlate. Ses cheveux blonds en rouleaux autour des oreilles rebiquaient en pointe sous le menton. Elle était vêtue d'un élégant tailleur bleu marine et saluait d'un léger geste du poignet à la manière de la reine Élisabeth d'Angleterre.

— N'est-elle pas resplendissante ? chuchota M. Beurre.

« N'est-elle pas mon grand frère ? » songea Rose.

L'activité de l'usine avait cessé d'un coup. Les pâtissiers s'alignèrent derrière les trompettistes, et les robots derrière les pâtissiers qui les contrôlaient.

— Mesdames et messieurs ! hurla M. Beurre dans son porte-voix. Notre principale concurrente, Mme Betty Brossard ! Elle est là aujourd'hui pour discuter d'un partenariat entre la Corporation Brossard et la Corporation des Véritables Petits Gâteaux… les deux dernières pâtisseries d'Amérique du Nord. Je vous prie de vous joindre tous à moi pour saluer notre estimée collègue !

Quand les pâtissiers portèrent la main à leur tempe pour faire un salut militaire, les robots les imitèrent, dans une vague de cliquetis et de craquements métalliques.

Origan arrêta la voiturette au ras de la table.

M. Beurre aida Oliver à descendre.

— Quelle entrée en scène ! dit-il. Madame Brossard ! Ma chère, vous avez l'air d'une reine ! À l'image de votre effigie sur les paquets de gâteaux ! Vraiment, quelle ressemblance extraordinaire !

— Vous êtes trop gentil, répliqua Oliver d'une voix nasillarde qui n'était pas sa voix habituelle mais qui n'était pas non plus une voix de femme.

— Et quel… organe ! s'extasia M. Beurre. Quelle présence impérieuse !

— Merci, répondit Oliver, les deux mains serrées autour du sac en strass qui pendait à son épaule. J'adore la déco de votre usine ! Ça rutile ! Et tous ces robots, et ces dames et ces messieurs avec leurs gants qui brillent…

M. Beurre fixa Oliver d'un regard de prédateur, telle une araignée guettant une mouche.

— Merci ! Ces gants leur permettent en fait de contrôler les robots. Un petit système ingénieux inventé par votre humble serviteur. Allez, on salue de nouveau Mme Brossard !

Les rangées de pâtissiers firent de grands gestes. Les tentacules des robots s'agitèrent à l'unisson.

— Génial ! s'exclama Oliver. On dirait un jeu vidéo en trois dimensions...

— Ce système permet de réduire le nombre de nos employés, expliqua M. Beurre. Je vous présente notre brigade de choc. Ici, ils sont cent. Chacune des usines de notre complexe emploie des centaines de gens, lesquels à leur tour contrôlent des milliers de robots. Mettons qu'un pâtissier nappe un cupcake d'un délicieux glaçage, il a des dizaines de robots qui imiteront au millimètre près tous ses gestes.

— Rien que d'y penser, j'en ai des frissons partout, dit Oliver en agitant les épaules rembourrées de sa veste.

— Voyez-vous, cette idée a germé une nuit dans mon esprit, quand...

M. Beurre se tut. Rose venait de l'interrompre en toussant très fort : elle avait peur qu'il ne continue à blablater toute la journée.

— Ah, oui, dit M. Beurre. Comment ai-je pu oublier ? Madame Brossard, je vous présente notre estimée chef pâtissière, Mlle Rosemary Bliss.

Oliver posa sur Rose un de ces regards qu'on réserve en général au chewing-gum qui s'est collé à sa semelle.

— Qui est cette petite fille ? demanda-t-il avec une grandiloquence qu'il aurait voulu digne d'une impératrice de la haute cuisine.

Rose leva les yeux au ciel.

— Rosemary Bliss, répéta M. Beurre. Elle vient de remporter le Gala des Grands Gâteaux Géants à Paris.

— La plus jeune lauréate de tous les temps, précisa Rose.

Oliver leva mes yeux au plafond, comme pour stimuler sa mémoire.

— Ah, oui ! Je me rappelle avoir lu quelque chose là-dessus. C'est cette fille qui était assistée par son frère, un jeune homme d'une beauté troublante. Oui, je me souviens très bien de lui. Et je suppose qu'elle était là aussi.

Oliver prit la main de Rose. M. Beurre en profita pour tendre à Rose le plateau de petits gâteaux maléfiques.

— Offrez-les-lui, vous, lui chuchota-t-il à l'oreille d'un ton menaçant.

Rose serra les dents et présenta le plat à Oliver.

— Confectionnés spécialement pour vous… une dégustation. Des échantillons de nos nouvelles recettes.

Elle posa le plateau sur la table de banquet. Oliver choisit la Tartelette lunaire.

— Quel gâteau appétissant… et délicat.

Rose se tourna à moitié pour lancer un coup d'œil catastrophé à Marge qui se tenait dans l'ombre de M. Beurre. Marge lui adressa un signe de tête, tapota son énorme sac à main et leva le pouce. Rose ne voyait pas à quel moment Marge avait pu opérer la substitution des petits gâteaux alors que M. Beurre n'avait pas lâché le plateau une seconde. Toutefois, au point où elle en était, elle ne pouvait que lui faire confiance et espérer que tout finirait bien.

— Ils sont magnifiques, mentit Oliver en regardant Marge. Mais je vous ai apporté quelques centaines de tranches de mon Coco Cake Brossard. Je voudrais les partager avec chaque pâtissier de votre brigade. Je tiens énormément à cette dégustation croisée de nos chefs-d'œuvre ! Ce sera la photo de l'année !

« Qu'est-ce que fabrique Oliver ? se demanda Rose. Ce n'était pas prévu dans le plan. »

— Ah bon ? fit M. Beurre, étonné. Hum ! Eh bien, d'accord.

Origan déchargea de l'arrière de la voiturette de golf une caisse en bois remplie de boîtes minuscules. Chacune contenait une tranche de Coco Cake Mimie Brossard. Les pâtissiers ôtèrent leurs gants blancs et se mirent en rang.

— Venez, monsieur, dit Oliver à M. Beurre. Il faut donner un coup de main à ce pauvre chauffeur.

Oliver tira d'une main ferme M. Beurre vers le véhicule. Celui-ci grommela, mais patienta aux côtés d'Oliver et d'Origan qui distribuaient à chaque pâtissier un Coco Cake très spécial. Après quelques bouchées, les sourires montèrent aux lèvres des employés.

— Ça vient d'où ? murmura Rose à Marge.

Le Coco Cake mettait de bonne humeur ceux qui le dégustaient.

— Pendant que vous faisiez la sieste, on n'a pas chômé, répondit Marge en souriant. Aidez-les à les distribuer.

Déconcertée, Rose se joignit à M. Beurre, Oliver et Origan à l'arrière de la voiturette de golf.

— Hep, je peux en avoir une tranche ? lança à Origan un homme en bleu de travail. Je ne suis pas pâtissier, je suis électricien. Mais je travaille ici quand même.

Origan lui donna une petite boîte.

— Bien sûr. Ces gants que vous portez, ils sont super. Les robots ne sont pas un peu perdus avec tous ces gants différents ?

L'électricien contempla la tranche de Coco Cake sur sa paume.

— Pas du tout. Les pâtissiers ont chacun une fréquence à laquelle réagit son équipe de robots. Le seul à pouvoir tous les contrôler, c'est M. Beurre.

— Cool ! s'exclama Origan, soudain pensif. Mega super cool.

Pendant ce temps, Oliver répondait aux questions des journalistes.

— Qui ont été vos mentors, madame Brossard ?

— Oh... ma grand-mère, bredouilla Oliver. Et Katy Perry. Oh, et Tony Hawk... et d'autres champions de skate-board.

À cet instant, Rose vit du coin de l'œil Marge se diriger vers la longue table. Aussi furtive qu'un commando des forces spéciales de la CIA, la sous-chef rafla les cinq petits gâteaux empoisonnés et les glissa dans son sac à main immense capable de contenir une armée de clowns. Avec la même discrétion, elle les remplaça par les cinq antidotes. M. Beurre, qui surveillait les journalistes, ne s'aperçut de rien. Rose ne put retenir une cascade de rire joyeux.

— Peut-on connaître la cause de votre hilarité ? l'interrogea M. Beurre d'une voix agacée.

Son sourire crispé coupa à Rose l'envie de rire.

— Rien de particulier, répondit-elle. Je me réjouis de voir que la distribution est presque terminée. Je commence à avoir les bras fatigués.

Lorsque le dernier pâtissier s'éloigna avec la dernière tranche de Coco Cake, Rose suivit M. Beurre à la table de banquet où il s'assit à côté d'Oliver pour la photo officielle. M. Beurre levait délicatement entre ses doigts un Coco Cake Mimie Brossard. Oliver brandissait une Tartelette lunaire antidote.

Les photographes mitraillèrent pendant que les dirigeants des deux pâtisseries à grande échelle – le chauve d'âge mûr et le jeune en perruque et jupe étroite – portaient les petits gâteaux à leur bouche.

— À vous l'honneur, madame, dit M. Beurre.

— Moi ? dit Oliver. Pourquoi pas vous ?

— Honneur aux dames, c'est la tradition, insista M. Beurre, de plus en plus inquiet.

— Dans certains pays, c'est l'inverse, ce sont les hommes d'abord, lui fit remarquer Oliver.

Rose lui cria :

— Allez, mangez, ne faites pas d'histoires !

M. Beurre et Oliver, les yeux dans les yeux, approchèrent en même temps, très lentement, les gâteaux de leurs lèvres.

Alors qu'Oliver allait mordre dans sa Tartelette lunaire, les deux battants de la grande porte d'entrée s'ouvrirent à la volée pour laisser le passage à une femme qui entra en titubant, les bras levés pour retenir son bonnet en fourrure qui ressemblait plus à un couvre-théière qu'à un couvre-chef.

— C'est qui, celle-là ? s'étonna Rose.

Alors que la femme s'avançait vers eux, Rose vit qu'elle était petite et trapue, et vêtue du même tailleur bleu marine qu'Oliver. En fait de bonnet de fourrure, ce qui lui couvrait la tête n'était autre qu'un chat gris.

— Au secours ! Que quelqu'un me débarrasse de cette… BÊTE ! hurla-t-elle en progressant d'un pas chancelant sur le tapis rouge.

Le chat, que Rose reconnut aussitôt, sauta d'un bond de la tête de la nouvelle venue et se carapata dans un coin obscur sous un réseau de tapis roulants. S'ensuivit un mitraillage d'appareils photo.

— Peut-on savoir qui ose interrompre cette cérémonie solennelle ? s'enquit M. Beurre d'un air hautain.

La petite femme secoua la tête, se recoiffa, épousseta son tailleur et se dirigea vers lui d'un pas décidé.

— Je suis Betty Brossard, bien sûr !

17

Les gants du maître

U n silence de mort s'abattit sur la salle. Même les journalistes se tenaient cois.

M. Beurre contempla la petite brunette d'un regard empli de dégoût, à croire qu'il venait de découvrir un rat mort sur le sol de l'usine.

— Betty Brossard, et quoi encore ? Taratata, je vous présente Betty Brossard ! vociféra-t-il en tapotant l'épaule d'Oliver. Tout le monde sait que Mimie Brossard est aussi grande qu'un top-model et d'une blondeur légendaire ! Alors, qui que vous soyez, madame, vous pouvez sortir de ce pas de mon usine !

La femme en tailleur ne se laissa pas démonter. Elle mit ses mains sur ses hanches et dévisagea M. Beurre. Rose eut tout le loisir de détailler ses traits : petite bouche, joli nez droit, yeux marron pétillants d'intelligence.

— Vous savez quoi ? Je suis peut-être victime d'hallucinations. Parce que, alors que je venais ici, un chat gris avec des oreilles rabattues sur les yeux comme une casquette a sauté sur mes genoux dans ma limousine et m'a ordonné de rentrer chez moi. En anglais ! Alors, oui, je divague peut-être ! Mais s'il y a une chose dont je suis sûre, c'est que je suis Betty Brossard ! *La* Betty Brossard. Et ça, assena-t-elle le doigt pointé sur Oliver, c'est un imposteur.

Elle s'approcha tout près d'Oliver et le toisa des pieds à la tête. Après quoi, elle maugréa :

— Cette « femme » est en réalité un adolescent.

Oliver laissa échapper un cri de protestation.

— Quel toupet ! Voyez-vous ça ! Je suis une dame de quarante-deux ans, enfin ! En revanche, l'homme à la perruque, c'est vous !

— Faux, archifaux ! affirma la brune en tailleur.

M. Kerr se glissa derrière elle et lui tira les cheveux, lesquels restèrent bien plantés au sommet de son crâne.

— Ouille ! hurla-t-elle. Vous n'avez pas le droit, espèce de monstre en jogging de velours !

— C'est des vrais, patron ! informa M. Kerr. C'est bien une dame !

M. Beurre se tourna vers Oliver qui soutint son regard. M. Beurre tendit la main, attrapa une mèche blonde et tira un bon coup. La chute de la perruque révéla les épis roux aplatis sur la tête d'Oliver.

— Bouh, fit Oliver d'une voix mourante.

Une exclamation de surprise courut le long de la file de pâtissiers. Tout le monde posait sur Oliver des regards ahuris.

— Ne mangez pas ces Coco Cakes ! hurla M. Beurre. Dieu sait ce qu'il y a dedans. Si ce n'est pas Mimie Brossard, ce doit être…

Il considéra tour à tour Rose et Oliver.

— … le frère de Rosemary Bliss.

Oliver haussa les épaules.

— Et puis après ?

— Oliver ! Sauve-toi, vite ! cria Rose.

Oliver sauta de l'estrade et dévala le tapis rouge vers la sortie, M. Kerr à ses trousses. Les photographes s'en donnèrent à cœur joie.

M. Kerr était à deux doigts de mettre la main au collet du frère aîné de Rose quand Origan hurla :

— Que tout le monde s'arrête !

Après avoir enfilé les gants qu'il avait trouvés dans le bureau de M. Méchanico, ceux qui portaient l'étiquette MAÎTRE, Origan fit démarrer le gros radiocassette à l'arrière de la voiturette de golf. La pulsation immortelle de « Bad » de Michael Jackson fit vibrer l'air. Origan, attifé de son short à pinces et de ses lunettes de mouche, se mit à danser sur le rythme entraînant avec une telle virtuosité que cela aurait sûrement fait un carton sur Internet si quelqu'un s'était avisé de le filmer.

En tout cas, tout le monde s'arrêta pour le regarder, y compris M. Kerr. Et M. Beurre.

Car Origan n'était pas le seul à sautiller, à tourbillonner et à faire le fameux pas de danse… le moonwalk. Le millier de robots employés dans l'usine dansaient à l'unisson, imitant à la perfection la rythmique complexe initiée par les mouvements de bras, les doigts tendus, les contorsions, les poses de leur maître Origan. Ils dansaient comme lui et glissaient en arrière. Ils faisaient un tel bruit de casserole que les pâtissiers tentèrent tous de se cacher sous la table.

Les robots à sa suite, Origan dansa jusqu'à un baquet géant rempli de pâte chocolatée. Il en prit une poignée et la lança sur M. Beurre. Les robots firent de même. Quand le mouvement cessa, M. Beurre, Rose, Marge et les robots étaient couverts d'une fine couche de pâte marron. Mimie Brossard était la seule à avoir réussi à rester impeccable. Quant à Oliver, il n'était nulle part en vue.

M. Beurre s'essuya les yeux et souleva Rose par le col de sa veste de chef pâtissière. Rose l'attrapa par les poignets et fit de son mieux pour le repousser. Mais la colère décuplait les forces de M. Beurre.

— Assez ! hurla-t-il. Est-ce que vous aimez votre sœur ?

Origan leva les yeux du baquet et se figea.

— Ôtez ces gants et apportez-les-moi.

Origan obéit à regret. Il s'approcha de M. Beurre d'un air penaud, la tête basse. M. Beurre lui arracha les gants des mains.

— Et vous ! cria M. Beurre. Vous, l'autre frère !

Oliver reparut par la porte à double battant. Il portait toujours le tailleur bleu marine, mais il tenait les escarpins à hauts talons dans ses mains. Lui aussi avait l'air penaud quand il remonta le tapis rouge entre les robots immobiles.

M. Kerr empoigna les deux frères par le bras. M. Beurre lâcha Rose qui se massa le cou et retrouva péniblement son souffle.

— Veuillez vous excuser auprès de votre sœur à qui vous venez de gâcher l'heure la plus cruciale de sa carrière, dit M. Beurre.

— Pardonne-moi, Rose, articula Oliver sans desserrer les dents.

— Pardon, Rose, désolé d'avoir semé la pagaille.

— Vous êtes jaloux de la renommée mondiale de votre sœur, n'est-ce pas ? reprit M. Beurre.

Mimie Brossard suivait des yeux ces échanges, la mine sceptique.

— Oui, opina Oliver. Nous sommes jaloux, c'est vrai. Pardon.

— Très bien, dit M. Beurre, soudain bizarrement jovial.

Il avança en se dandinant vers la vraie Mimie Brossard.

— Quel micmac ! s'exclama-t-il d'une voix mielleuse. Quel horrible malentendu ! Je savais, bien sûr, qu'il y avait anguille sous roche, mais je voulais les prendre la main dans le sac. Veuillez me pardonner, ma chère. Je vous promets que la suite se passera sans anicroche.

Il lui tendit la main. Mimie Brossard garda obstinément les bras croisés.

— Mettez-vous un peu à ma place, expliqua-t-elle. Je suis invitée à célébrer la promulgation d'une loi que je n'ai jamais soutenue, et que je n'aurais même jamais pensé proposer. En chemin, je suis attaquée par un chat doué de parole qui me conseille de prendre la poudre d'escampette. Ce qui en soi, déjà, est très étrange. Mais ce n'est pas tout... À mon arrivée, je trouve un adolescent déguisé qui se fait passer pour moi et je suis accusée d'être un homme. Ensuite un deuxième garçon se lance dans un numéro de ballet avec des robots qui se termine en bataille de chocolat.

Mimie Brossard conclut cette tirade par un énorme soupir d'exaspération.

— Vous comprendrez qu'à ce stade je ne suis pas pressée de poursuivre le programme des festivités.

M. Beurre se saisit de la main de Mimie Brossard mais elle se dépêcha de la lui reprendre avant qu'il ne puisse lui faire le baisemain.

— Bien sûr, Betty ! Vous m'autorisez à vous appeler par votre prénom ?

— Non. Pour vous, c'est Mme Brossard.

— Madame Brossard, reprit M. Beurre, nous sommes heureux de vous recevoir en ce jour de gloire à la Corporation des Véritables Petits Gâteaux. Rien ne pourrait nous faire plus plaisir que de vous voir participer aux réjouissances que nous avions prévues en votre honneur.

Betty recroisa ses bras.

— Quel genre de réjouissances ?

— Pour commencer, une modeste offrande qui témoignera de notre volonté de maintenir la paix entre nous. Nous voudrions vous offrir un échantillon de nos meilleurs petits gâteaux. Notre jeune protégée, Rosemary Bliss, la lauréate du Gala des Grands Gâteaux Géants…

— Je sais qui elle est, le coupa Mimie Brossard. Je lui ai écrit une lettre lui demandant de venir travailler pour moi, mais elle ne m'a jamais répondu.

Rose se retint de lui crier : « Je vous aurais répondu si j'avais su combien vous étiez bonne et combien la Corporation était maléfique ! »

— Juste ciel, s'offusqua M. Beurre avec un large sourire. Comme c'est curieux ! Quelle malencontreuse coïncidence que je vous réunisse toutes les deux. Si seulement j'avais deviné quelle petite terreur est cette fillette !

— Je ne lui en veux pas, continua Mimie Brossard avec un gentil sourire. Je suis sûre qu'elle est très occupée. En tout cas, elle paraît ravie de travailler ici. C'est un très bon point pour vous.

Elle fit un clin d'œil à Rose. Rose ne savait plus où se mettre.

— Rose a fait des merveilles pour nous, reprit M. Beurre. Elle a poussé jusqu'à la perfection les recettes des cinq produits phares de notre Corporation. Ce sont ces petits chefs-d'œuvre qu'elle voudrait vous présenter.

Rose ne put empêcher ses mains de trembler quand elle souleva le plat en argent. Les gâteaux grelottèrent sur la surface brillante. Rose avait peur de les voir tomber par terre avant qu'elle ne puisse les présenter à Mimie Brossard. Elle était incapable de regarder dans les yeux la prestigieuse confiseuse – elle avait trop honte de ce qu'elle avait fait. Elle se reprochait de ne pas avoir eu le courage de résister aux pressions qui s'exerçaient sur elle pour perfectionner ces recettes nuisibles. Elle aurait pu, par exemple, entamer une grève de la faim, n'importe quoi pour empêcher ces funestes sucreries de se répandre dans le monde.

— Vous tremblez, ma chère petite, remarqua Mimie Brossard. Qu'est-ce qui ne va pas ?

« J'ai été kidnappée et on m'a forcée à contribuer aux desseins machiavéliques de cette diabolique Corporation. Tout ce que je veux, c'est rentrer chez moi. Mais je dois me taire parce que ce psychopathe fera du mal à mes parents si je le dénonce ! » brûlait de hurler Rose. Au lieu de quoi, elle répondit :

— Rien, madame Brossard.

— Pourquoi ne posez-vous pas le plateau sur la table ? suggéra Mimie Brossard en se penchant pour lui murmurer à l'oreille : Je n'aime pas non plus qu'on me prenne en photo. Pourquoi croyez-vous que j'ai mis une effigie style dessin animé sur mes paquets ?

« Si seulement c'était de la timidité », se dit Rose, soulagée cependant d'être autorisée à poser son plateau.

Au moins, Marge était parvenue à opérer la substitution des gâteaux, songea-t-elle tandis que Mimie Brossard inspectait le plateau. Quel que soit celui qu'elle mangerait, ce serait un antidote. Le problème, c'était qu'elle ne savait pas qu'après l'avoir mangé elle était censée jouer les folles. Qu'adviendrait-il à Rose et à sa famille quand M. Beurre s'apercevrait que Mimie Brossard restait calme ?

— De vrais bijoux, complimenta Mimie Brossard avec un sourire radieux. Mes félicitations !

— Merci, dit M. Beurre. Mais ceux-là sont des reproductions, ils sont là uniquement pour la démonstration ! Les vrais sont en sécurité ici…

Sur ce, il arracha à Marge son grand sac à main.

Rose crut qu'elle allait tourner de l'œil. M. Beurre avait remarqué le manège de Marge !

— Je propose que je mange moi-même ces reproductions, dit-il en tirant le plat vers lui, et que vous dégustiez les *véritables* petits gâteaux ! La photo sera plus réussie si nous mangeons le même simultanément.

Rose retint son souffle pendant que M. Beurre tirait les gâteaux du sac de Marge et les disposait sur un plat.

— Quelle est la différence entre les deux ? s'étonna

Mimie Brossard. Et pourquoi les avoir conservés dans un sac à main ?

— Ils sont de meilleure qualité, affirma M. Beurre. Marge est chargée de la sécurité dans nos cuisines. Heureusement ! Sinon cet imposteur aurait dévoré ce qui nous a coûté tant d'efforts et aurait gâché votre dégustation. Vous devriez être soulagée que j'aie remarqué l'échange auquel a procédé Marge, n'est-ce pas, Rosemary ?

Rose voulut acquiescer, mais elle était comme paralysée. Allait-elle jamais pouvoir reprendre sa respiration ?

— Venez ici, madame Brossard, à côté de moi, l'invita M. Beurre.

Il conduisit Mimie Brossard derrière la table de banquet, pour que les photographes puissent les prendre avec le plat de petits gâteaux – la Tartelette lunaire, l'Arc-en-boule, le Beignet mini mignon, le Machin des rois et le Fondant mordant –, le tout préparé suivant les recettes de Lily perfectionnées par Rose.

Rose se glissa en douce auprès de Marge.

— Qu'est-ce qu'on peut faire ? chuchota-t-elle. Notre plan a échoué. J'ai tout raté. Mimie Brossard va devenir une marionnette de la Corporation.

Marge la prit par la taille et murmura à son tour :

— Écoutez-moi bien, Rosemary Bliss. Vous devez apprendre à faire confiance.

À cet instant, M. Beurre déclara :

— Commençons par la Tartelette lunaire.

Mais lorsqu'il baissa les yeux, une toute petite souris se dressait debout sur ses pattes arrière auprès du gâteau. Sur une flûte miniature, elle attaqua *Clair de lune* de Debussy.

Les yeux de M. Beurre lui sortirent de la tête. Il hurla :

— Encore une *souris* !

Et il tituba en arrière pour basculer dans les bras de M. Kerr, lequel tomba à la renverse sur Rose, qui s'écroula par terre.

— Ouille ! glapit-elle.

M. Kerr roula sur le côté et Rose se releva juste à temps pour voir Jacques s'enfuir à califourchon sur le dos de son fidèle ami, Serge.

Frappé de stupeur, M. Beurre se remit debout en vacillant et contempla le plat.

— Juste ciel ! haleta-t-il en remontant ses lunettes sur son nez. Je vous prie d'ignorer ce regrettable incident, madame Brossard. Ces derniers temps, je suis poursuivi par des apparitions mystérieuses de souris. Bon, pour ne pas prendre de risque inutile, commençons plutôt par l'Arc-en-boule.

Rose avala sa salive, le cœur battant. M. Beurre prit son Arc-en-boule antidote et Mimie Brossard se saisit de son Arc-en-boule parfait… ement nocif.

Ils trinquèrent avec les gâteaux comme on le fait avec des flûtes à champagne lors du réveillon du Nouvel An.

— Cul sec ! lança Mimie Brossard.

Tous les deux fourrèrent en même temps la sucrerie dans leur bouche. Les appareils photo et les flashs crépitèrent. Rose retint de nouveau son souffle. Elle s'apprêtait à la pire des catastrophes de toute sa vie.

18

Un garçon, ça ne pleure pas

Dans le silence total, on entendait seulement Mimie Brossard et M. Beurre mâcher leurs petits gâteaux.

Rose se rappela les réactions déjantées des pâtissiers quand ils avaient pris leur première bouchée d'Arc-en-boule infusé des hululements de la vieille sorcière O'Brouillard. Elle s'attendait que Mimie Brossard se mette à réclamer à cor et à cri toujours plus d'Arcs-en-boule.

Mais le son qu'elle entendit fut tout autre : des pleurs gutturaux. Le bruit d'une âme dont la carapace s'ouvrait pour laisser entrer la lumière.

Rose ouvrit les yeux. M. Beurre, écroulé sur la table de banquet, pleurait à gros sanglots, comme un petit garçon perdu.

Mimie Brossard le regardait, effarée.

— Qu'est-ce qu'il a ? demanda-t-elle à Rose. Je veux dire, ils sont succulents, vos gâteaux, ne vous méprenez pas, mais je ne crois pas qu'il méritent qu'on pleure.

Rose eut l'impression que sa tête allait exploser. Mimie Brossard était-elle immunisée contre les effets des desserts parfaits ? Et pourquoi M. Beurre pleurnichait-il pour qu'on lui donne plus d'antidote ?

Rose tira Marge par la manche.

— Qu'est-ce qui ne va pas ? Pourquoi Mimie Brossard n'a pas pété les plombs ?

Marge coula à Rose un petit sourire rusé.

— J'ai concocté une fournée différente au laboratoire… Pendant que vous faisiez la sieste et que les autres préparaient les Coco Cakes.

— Alors Mimie Brossard est en train de manger les antidotes ? s'enquit Rose.

Marge fit non de la tête.

— Elle déguste les mêmes que M. Beurre, répondit-elle, les yeux brillants d'une joie malicieuse.

— Dans ce cas, pourquoi M. Beurre pleure-t-il comme une madeleine au lieu de courir partout pour en quémander à tout le monde ?

En guise de réponse, Marge tourna son sourire espiègle vers M. Beurre qui tendait les bras à M. Kerr.

— Faites-moi un câlin, supplia M. Beurre à l'armoire à glace. Je veux des bisous !

— Marge, dit Rose d'un ton sévère. Il faut vous expliquer maintenant.

Marge s'éclaircit la voix.

— Je ne pouvais permettre à personne de manger ces petits gâteaux empoisonnés. La seule solution était de les détruire, eux et les recettes. Ainsi, pendant que vous dormiez, j'ai vite préparé cinq antidotes. J'ai ajouté à la pâte une dose généreuse de Crémoelleux à l'amour maternel. Ce sont les gâteaux qu'il y avait dans la vitrine réfrigérée et dans mon sac. J'ai jeté tous ceux confectionnés à partir des recettes maléfiques…

Marge regarda Rose avec un petit sourire et ajouta :

— Mais comme vous pouvez le constater, les antidotes n'ont pas le même effet sur tout le monde. C'est ce que j'ai appris en lisant cet *Apocryphe* que vous avez laissé traîner.

Rose entoura de ses bras le buste en forme de tonneau de Marge et fondit en larmes.

— Vous êtes la plus grande sous-chef pâtissière de tous les temps !

— Il est écrit que le Crémoelleux à l'amour maternel comble les manques de tous ceux qui n'ont pas reçu assez d'affection de leur maman, répliqua Marge en prenant à son tour Rose dans ses bras potelés. Betty Brossard, à l'évidence, a été choyée. M. Beurre, en revanche, c'est une autre histoire.

— Vous êtes une sous-chef de génie ! Vous nous avez tous sauvés !

— Mais non, c'est vous, Rosemary Bliss. Enfin, vous et le Crémolleux à l'amour maternel que vous nous avez apporté.

Les bras en croix, M. Beurre se roulait par terre en se balançant d'un côté à l'autre.

— Je suis désolé ! sanglotait-il. Je tiens à demander pardon à mon pays ! Je vais envoyer une lettre personnelle à chaque Américain et à chaque Américaine pour m'excuser d'avoir même *pensé* à leur faire du mal !

M. Kerr s'agenouilla auprès de son patron et le secoua par les épaules.

— Jameson Beurre ! Ressaisissez-vous, enfin ! Qu'est-ce qui vous prend ? Vous êtes en train de mourir ou quoi ?

— Oui ! Je me meurs ! Je meurs de joie ! Je meurs… d'amour ! hurla M. Beurre. Prenez un Machin des rois !

Il tendit à M. Kerr la bûchette au chocolat.

— Je n'ai pas faim, rétorqua M. Kerr.

— Si, si, c'est un ordre, cria M. Beurre en lui enfonçant la friandise dans la bouche.

— Regardez bien, murmura Marge à Rose. À mon avis, vous n'avez jamais assisté à une chose pareille.

Alors que M. Kerr mastiquait le Machin des rois, ses rides s'effacèrent et son front devint tout lisse. Sa face grimaçante se transforma petit à petit en un visage avide d'amour et de tendresse. Il se mit à chercher autour de lui ce qui se rapprochait le plus d'une mère et avisa Mimie Brossard. Il se glissa à quatre pattes sous la longue table et se pelotonna à ses pieds en glapissant :

— Maman !

Les photographes firent crépiter leurs appareils. Les journalistes tendirent leurs micros. Mimie Brossard protesta :

— Quelqu'un aurait-il la gentillesse de me dire ce que c'est que ce cirque ?

Elle s'écarta pour éviter que les bras de M. Kerr ne se referment sur ses jambes.

— Qu'est-ce qui fait pleurer ces messieurs ? Comment se fait-il que ce chat parle et que cette souris joue de la flûte ? Pourquoi ce jeune homme s'est-il fait passer pour moi ?

Voyant l'air déconfit d'Oliver, elle lui sourit.

— Ce n'est pas grave… La jupe vous va bien.

— Merci !

— C'est une très longue histoire, déclara Rose.

Mimie Brossard s'assit au bord de l'estrade et tira vers elle le plateau de gâteaux.

— J'adore qu'on me raconte une histoire pendant que je grignote.

Beaucoup plus tard, une fois les photographes repartis satisfaits, les ouvriers renvoyés chez eux et le personnel de cuisine rentré à la maison pour un repos bien mérité, Mimie Brossard s'attabla de nouveau avec Marge, Rose et ses frères dans la salle de banquet de l'usine.

— Bref, si je comprends bien, peu importaient les gâteaux que nous mangions, déclara Mimie Brossard qui essayait de résumer la situation.

À quelques pas, MM. Beurre et Kerr s'étaient endormis sur le sol dans les bras l'un de l'autre.

— C'était le seul moyen, confia Marge à Rose. Il n'était pas question que le plan foire.

— Ce n'était peut-être pas un plan génial, dit Rose.

— C'était ingénieux de votre part, Marge, de changer *tous* les gâteaux, dit Mimie Brossard.

La sous-chef pâtissière rougit jusqu'à ses oreilles dodues.

— Oh la la ! je n'arrive pas à croire que Mimie Brossard me trouve *ingénieuse* ! Attendez une minute que je digère.

Elle prit une profonde inspiration et s'éventa avec le plateau nettoyé jusqu'à la dernière miette.

Rose se pencha vers Mimie Brossard et lui souffla :

— Marge est une de vos plus grandes fans.

— Elle m'a sauvé la vie, rétorqua Betty. Moi aussi, je suis fan de Marge !

— On m'a aidée, haleta Marge qui respirait dans son sac pour se calmer. C'est Rose qui a tout fait ! C'est elle qui m'a donné le courage de me battre pour ce qui est juste !

Auprès d'elle, Origan n'avait pas ôté ses gants de maître des robots. Les bras tendus croisés au niveau des poignets, il dodelinait du buste en imitant un cavalier. Dans son dos, ses mouvements rythmiques étaient repris par les robots qui marquaient la cadence avec des cliquetis et des craquements métalliques.

— Et le chat… Il est vraiment doué de parole ? s'enquit Mimie Brossard. Ou étais-je déjà droguée par ces messieurs aux Rouleaux ?

Serge sauta d'un bond sur la table et se frotta à son bras.

— J'ai mangé un biscuit magique quand j'étais petit, ronronna-t-il. Pardon de vous avoir fait peur.

— Je… ça va, bredouilla Mimie Brossard, méfiante. Mais ce n'est quand même pas banal.

— J'espère bien que non. Je suis fier d'être unique.

Jacques trottina jusqu'à Serge et grimpa dans sa fourrure pour se percher sur sa tête.

Mimie Brossard fixait la souris française d'un regard soupçonneux.

— Et toi, tu sais vraiment jouer de la flûte ?

— Ça t'a plu ? demanda Jacques, inquiet. Ça fait des années que je travaille *Clair de lune* !

— Tu interprètes ce morceau à merveille, le complimenta Mimie Brossard, les mains jointes sur son cœur. Maintenant, dites-moi, cette Société Internationale des

Rouleaux à Pâtisserie, ce sont eux qui sont derrière la loi pour la Protection des Pâtisseries à Grande Échelle ?

— En effet, répondit Rose. Ils ont conspiré pour la faire voter à la Chambre des représentants à Washington. Nous pensions que vous étiez de mèche avec eux, puisqu'elle favorisait votre pâtisserie.

— Jamais de la vie ! se récria Mimie Brossard, consternée. Il n'existe aucune discrimination contre les pâtisseries à grande échelle ! Je n'ai jamais entendu des sornettes pareilles. Je suis venue ici aujourd'hui pour essayer de persuader M. Beurre de m'accompagner à Washington pour faire abolir cette loi ridicule.

— Même si vous aviez convaincu M. Beurre, objecta Origan, vous auriez eu les autres membres de la Société Internationale contre vous.

Mimie Brossard se leva, contourna la table puis descendit le tapis rouge entre la double rangée de robots qui dansaient « Gangnam Style ».

— Origan ! s'écria Rose d'une voix sifflante. Arrête ça tout de suite !

Finalement, Mimie Brossard se retourna pour déclarer :

— Si ces individus… la Société Internationale des Rouleaux à Pâtisserie… se servent de la magie, nous devons lutter contre eux *par la magie*. J'ai les moyens financiers de lancer une campagne nationale. Ce que je ne possède pas, en revanche, c'est le savoir-faire d'une magicienne. Ma pâtisserie n'a rien de magique. Tout ce que j'ai, ce sont de très bonnes… d'excellentes recettes.

Ce discours était semblable à celui de M. Beurre quand il avait amené Rose de force à la Corporation des Véritables

Petits Gâteaux et l'avait « priée » de perfectionner ses recettes – sauf que, cette fois, Rose trouvait ces paroles agréables à entendre. Elle se sentait légère et confiante. Mimie Brossard était animée des meilleures intentions, c'était évident.

— Si on unit nos forces, on arrivera à abroger la loi pour la Protection des Pâtisseries à Grande Échelle et votre famille rouvrira les portes de sa charmante pâtisserie, poursuivit Mimie Brossard. Ensuite, nous créerons une ligne de produits ciblés sur ces types aux Rouleaux et ainsi nous réussirons à les guérir de leur tristesse et de leur cupidité.

Rose sourit. C'était un super projet.

— Vous avez reçu ma lettre ? s'enquit Betty.

— Oui. En fait, je l'ai ici !

Rose la sortit de la poche arrière de son short. Quoique chiffonnée et déchirée, elle était encore lisible.

— Mais je vous préviens, reprit Rose, je ne suis pas télégénique.

— Oh, ça n'a aucune importance, lui assura Mimie Brossard. Moi non plus. Vous avez lu le verso ?

— Le verso ?

Rose secoua la tête et retourna la feuille. Comme dans *L'Apocryphe*, un antidote était inscrit au dos, écrit à la main par Mimie Brossard.

Chère Rose,
Vous êtes une jeune fille remarquable et votre passion pour la pâtisserie saute aux yeux. Je sais que vous êtes liée à la pâtisserie de votre famille à Calamity Falls, mais j'aimerais

que vous veniez créer pour nous de nouvelles recettes. Juste pour une semaine, si c'était possible. J'adorerais travailler avec vous.

Cordialement,
Mimie Brossard.

— Eh bien, s'esclaffa Rose, voilà qui aurait été plus amusant que la semaine que je viens de passer ici.

— Mon offre est toujours valable, lui fit remarquer Mimie Brossard.

— Il faut que je pose d'abord la question à mes parents et à Balthazar. Cela vous plairait de les rencontrer ?

— Ils sont ici ?

— Oui, il faut juste aller les libérer.

— Si on se dépêche, intervint Origan, je pourrai être rentré à la maison à temps pour la grande bataille d'eau !

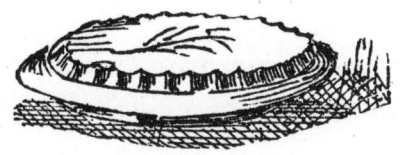

Épilogue
Lady Rosemary Bliss

L a magnifique lumière matinale de Calamity Falls se déversait par la fenêtre de la chambre. Rose se réveilla à coups de bâillements. Elle ne se sentait pas différente, pourtant elle l'était, sans aucun doute possible.

Elle regarda Nini qui dormait dans son petit lit en suçant son pouce. Son autre main serrait le plaid que Mme Carlson lui avait donné pendant le regrettable épisode où la fillette avait été séparée des siens.

— Réveille-toi, ma mimi Nini, roucoula Rose à l'oreille de sa sœur cadette.

— Hummmm, fit Nini, les yeux encore fermés. J'ai sommeil.

Rose enfila un débardeur rouge et un short propre, puis prit Nini dans ses bras pour descendre au rez-de-chaussée. Elle était toujours en pyjama. Aujourd'hui n'était pas un jour comme les autres, et elle se réjouissait de le fêter en famille.

Il n'y avait personne dans la cuisine des Bliss. Une pile de courrier attendait sur la table à côté d'un exemplaire de la *Gazette de Calimity Falls*.

Rose fit asseoir Nini sur une chaise.

— Bonjour, Rosie, marmonna Nini d'une voix ensommeillée.

— Bonjour, Nini.

Rose était contente d'être de retour auprès de sa petite sœur, chez elle, dans sa maison…

Elle jeta un coup d'œil au journal. En première page et en énormes caractères, s'étalait le gros titre du jour : ABROGATION DE LA LOI ANTI-PÂTISSERIES. Rose sourit à la pensée que bientôt la pâtisserie Bliss rouvrirait ses portes en fanfare. Elle venait de rentrer d'une semaine passée en compagnie de Mimie Brossard. Elles avaient mis au point toutes sortes de plans pour l'avenir. Mais à présent, il ne lui restait plus que quelques jours de liberté avant la rentrée scolaire. Et cette liberté, elle comptait bien en profiter au maximum.

Rose laissa le journal sur la table et ramassa une poignée de cartes postales avant de prendre Nini par la main et de sortir dans le jardin. Serge et Jacques se prélassaient au soleil dans des transats miniatures.

— Tu as déjà mangé du poisson ? lança le chat à la souris. Comment tu peux détester quelque chose que t'as même pas goûté ?

— *Non mais je rêve** ! rétorqua Jacques. Je pourrais te dire la même chose à propos du fromage.

— Comment tu peux manger un truc qui sent les pieds qui puent ? riposta Serge du tac au tac.

Jacques remua ses moustaches.

— Comment tu peux aimer un truc qui empeste le poisson ?

Rose éclata de rire.

— Rose ! l'appela Serge. Regarde, j'ai bronzé !

Il écarta la fourrure sur son ventre gris, révélant un duvet gris plus fin.

— Ça se voit à peine, mais crois-moi, je bronze.

— Bravo, les amis, sourit Rose. Vous êtes de vrais lézards.

Rose se dirigea avec Nini vers le pneu-balançoire au fond du jardin.

Oliver et Origan portaient chacun des gants blancs de maître de robots. Debout de part et d'autre du trampoline, ils donnaient des coups de poing en l'air pendant que deux robots de l'ex-Corporation des Véritables Petits Gâteaux sautaient sur la toile en vinyle noire et boxaient avec leurs tentacules capitonnés.

Les usines de la Corporation avaient été démantelées, et les bocaux en verre rouge évacués et détruits sous la supervision de l'arrière-arrière-arrière-grand-père de Rose. MM. Beurre et Kerr, transformés par le Crémoelleux à l'amour maternel que leur avait fait déguster Marge, travaillaient désormais pour Mimie Brossard à qui ils livraient tout ce qu'ils savaient à propos de la Société Internationale des Rouleaux à Pâtisserie. La Corporation des Véritables Petits Gâteaux avait été rayée de la carte. Les employés avaient enfin pu rentrer chez eux.

Les robots, toutefois, avaient échoué à Calimity Falls, aux bons soins des frères de Rose.

Celui d'Oliver flanqua un coup à son adversaire. Origan s'écarta d'un bond qui provoqua la chute de son robot. Étalé comme un tas de ferraille sur la pelouse, le robot pieuvre continua une minute à bourdonner et à donner de petits coups de tentacule. Puis il ne bougea plus du tout.

— Tant pis, je vais en prendre un autre, dit Origan en courant à la cabane.

À l'intérieur s'entassait une cinquantaine de robots en métal identiques. Il en tira un du lot et revint le hisser sur le trampoline.

— Tu sais, tu devrais être plus soigneux, lui fit remarquer Oliver. Un de ces jours, on n'en aura plus, de ces trucs-là.

Rose se détourna du combat de boxe pour lire les cartes postales. Sur la première figurait la photo d'un ballon dirigeable en vol. En regardant de plus près, elle vit que la passagère faisait coucou du haut du ciel. On distinguait à peine les traits de son visage. Pourtant Rose la reconnut tout de suite.

— Regardez ! On a reçu une carte de Marge !

Oliver et Origan continuèrent à boxer par procuration pendant que leur sœur leur lisait à haute voix :

Chers Rose, Oliver et Origan,
Devinez quel est mon nouveau métier ! Conductrice de ballon ! Personne ne pourra plus jamais me retenir, plus jamais. Qu'ils essaient donc, et je m'envolerai. Bises.
Marge.

Rose serra la carte postale contre son cœur.

— Je vais l'encadrer, annonça-t-elle à ses frères.

— Personne n'a jamais pu retenir Marge, de toute

façon. Il n'y avait qu'elle qui ne le savait pas, rétorqua Oliver qui bourra de coups de poing le robot d'Origan et l'envoya au tapis.

Projeté sur la pelouse, le robot se transforma en un amas de métal fumant.

— Ben, mon vieux ! s'exclama Origan. Faut que je prenne des leçons.

Rose continua à éplucher les cartes postales. Elle en choisit une, toute simple, couleur crème avec, au milieu, gravé en relief, un rouleau à pâtisserie entouré de rayons de lumière.

Son sang se glaça dans ses veines. Elle retourna la carte. L'écriture de tante Lily ! Elle l'aurait identifiée entre toutes.

Ne crois pas qu'en faisant de M. Beurre le roi de la vie en rose et en détruisant la Corporation des Véritables Petits Gâteaux tu as pour autant vaincu la Société Internationale des Rouleaux à Pâtisserie. À très vite. Je t'embrasse. L.

— Oliver ! Origan ! Regardez ça !

Les garçons ôtèrent leurs gants. En deux bonds, ils furent auprès d'elle. Ils se passèrent la carte. Origan la renifla.

— Elle sent bon les fleurs. C'est bien une carte de tante Lily.

— Mais pour s'en assurer, dit Oliver, il vaudrait mieux la montrer à maman, papa et Balthazar.

À cet instant, le monospace familial des Bliss s'arrêta dans l'allée. Albert au volant, Balthazar à côté de lui. La porte arrière s'ouvrit. Céleste et Mimie Brossard descendirent du véhicule.

— Et pourquoi on ne peut pas confectionner des Cookies à la miellez-vous-de-ce-qui-vous-regarde ? demandait Mimie Brossard. Ça apporterait un plus génial à la ligne des desserts qui portent mon nom. Et cela présenterait l'avantage de clouer le bec aux ragots des journalistes de la presse people.

— L'Essaim de la terreur muettisante a besoin de temps pour se régénérer, lui expliqua patiemment Céleste. Ces ingrédients magiques ne peuvent pas être fabriqués en gros. On doit en user avec sagesse et modération.

— Je vois, opina Betty en se grattant le menton d'un air pensif. Vous devez me pardonner. Toute cette histoire de magie, c'est nouveau pour moi.

Rose tendit à sa mère la carte postale.

— De Lily, précisa-t-elle.

Céleste y jeta un coup d'œil et la glissa dans sa poche.

Céleste et Betty attirèrent Rose à la cuisine. Albert avait fermé les volets de toutes les fenêtres, exactement comme le jour où il lui avait révélé la cachette secrète du *Livre de recettes des Bliss*. Oliver, Origan et Nini entrèrent à leur suite.

— Qu'est-ce qui se passe ? interrogea Oliver.

— Chut, souffla Céleste.

À l'exception de rares rais de lumière qui filtraient entre les volets, la cuisine était plongée dans le noir complet. Balthazar apparut à la porte de la boutique, tenant un gâteau rose planté de treize minuscules bougies, qu'il déposa devant Rose. En fait de bougies, il s'agissait de treize scarabées de l'aveuglement qui voltigeaient au-dessus du glaçage dans un scintillement multicolore.

— Joyeux anniversaire, Rosie ! s'écria de sa voix de basse son arrière-arrière-arrière-grand-père.

Aujourd'hui, elle avait treize ans, en effet. Comment avait-elle pu oublier ? Bien sûr, elle connaissait la réponse : quelquefois la vie est si passionnante qu'on se sent comme sur un nuage.

— Ça alors, mon anniversaire m'était sorti de la tête !

— Souffle vite tes scarabées de l'aveuglement ! Et n'oublie pas de faire un vœu !

Rose sourit et souffla. Les scarabées de l'aveuglement s'envolèrent en tourbillons d'étincelles colorées. Dans la lumière féerique, tout le monde applaudit en entonnant des « Joyeux Anniversaire ! »

— Youpi ! gazouilla Nini.

— Tu as fait un vœu ? demanda Serge assis sur le sol à côté de Rose.

— J'en ai fait deux, répondit Rose en souriant au chat. Mais je ne te dirai rien. Sauf que cette fois j'ai été super prudente, tu peux me croire.

Serge ronronna et se frotta la tête contre sa jambe.

Albert posa au creux de la main de Rose la clé en forme de fouet qui ouvrait la porte de la réserve secrète derrière la chambre froide. Dans son autre main, il glissa le livret gris des recettes maléfiques et de leurs antidotes : *L'Apocryphe d'Albatross*.

— Peux-tu aller remettre ça à sa place, s'il te plaît, Rosie ?

Rose prit une profonde inspiration avant d'ouvrir la porte de la chambre froide. Comme des fées minuscules, les scarabées de l'aveuglement la précédèrent pour éclairer ses pas. Elle longea l'étroit couloir bordé d'étagères pleines de boîtes d'œufs, de briques de lait, de paquets de sucre et de plaques de chocolat. Tout au bout, elle souleva la vieille tapisserie verte et introduisit la clé-fouet dans la serrure. Elle ouvrit la porte. Les scarabées de l'aveuglement passèrent au-dessus de sa tête pour illuminer les portraits des ancêtres Bliss accrochés aux boiseries de la petite pièce.

Rose retrouva facilement dans la couverture du *Livre de recettes des Bliss* la pochette où se rangeait *L'Apocryphe*. Quelle ne fut pas sa stupéfaction de voir qu'une nouvelle recette avait été ajoutée à la dernière page du livre, en calligraphie à l'ancienne :

PAIN D'ÉPICE AU CHOCOLAT
DE LA FRATERNITÉ :
Pour mettre fin à la Malédiction du mauvais esprit

En l'an 2014, dans l'État de Pennsylvanie, aux États-Unis, Lady Rosemary Bliss, en des circonstances très difficiles, élabora un antidote au pain d'épice contenant la poudre du rhizome de gingembre offert à Albatross Bliss par le mauvais esprit ô combien maléfique.
Elle confectionna la pâte d'un pain d'épice au chocolat, à laquelle elle ajouta LA PIERRE FRATERNELLE, et ainsi, les pâtissiers sous l'influence du mal retrouvèrent leur amour fraternel.

Une autre surprise : Rose eut les larmes aux yeux en voyant inscrit dans le précieux *Livre de recettes des Bliss* son nom : *Lady Rosemary Bliss.*

Se voir conférer le titre de lady, c'était s'inscrire dans une tradition qui remontait à la nuit des temps. Elle avait créé un nouvel antidote, elle était une vraie magicienne-pâtissière, une vraie Bliss. Son nom inscrit dans une calligraphie aussi splendide, elle n'avait jamais rien vu d'aussi beau.

Rose referma le grimoire et retourna dans la cuisine obscure où l'attendaient sa famille et Betty.

— Tu es une véritable pâtissière Bliss maintenant ! s'exclama Céleste. Tu figures dans les livres d'histoire, ma chérie !

Rose se jeta au cou de sa mère.

— C'était mon premier vœu, murmura-t-elle en tressaillant de joie.

— Tu as un don inné, ma chérie, dit Céleste. Et peut-on connaître ton second vœu ?

À cet instant, la porte de la cuisine s'entrouvrit. Rose jeta un coup d'œil entre les bras de Céleste : Devin Stetson pointait la tête dans l'entrebâillement.

— Oh ! désolé. Je ne voudrais pas jouer les trouble-fête. Je passais juste demander à Rose si ça lui dirait de venir faire un tour en bécane pour son anniversaire.

La « bécane » de Devin était son cher vélomoteur rouge, sur lequel il sillonnait Calimity Falls, sa mèche blonde battant au vent.

Rose leva les yeux vers le visage de sa mère. « C'est mon second vœu », brûlait-elle de lui dire. Mais elle jugea plus prudent de le garder pour elle, rien que pour elle.

— Rose a beaucoup de gâteaux sur la planche, intervint Balthazar. Maintenant qu'elle est officiellement une pâtissière Bliss.

— En fait, déclara Rose, je crois que le monde peut attendre encore un petit moment.

Sa mère déposa un baiser sur ses cheveux et la lâcha.

— Amuse-toi bien, ma chérie. Tu l'as amplement mérité.

C'est ainsi que, le matin de son treizième anniversaire, sous un nuage de scarabées de l'aveuglement et une pluie d'étincelles orange, vertes et violettes, Rosemary Bliss fila vers son destin. Car elle n'était plus une petite fille.

Elle se sentait, en effet, une lady.

Remerciements

Merci du fond du cœur à ma mère non seulement de m'avoir ménagé un havre où j'ai pu écrire ce roman, mais aussi d'avoir passé avec moi des soirées entières à regarder des films et de m'avoir fait manger du chou. Maman, tu m'as sauvée de la Corporation des Véritables Petits Gâteaux.

Merci à Katherine Tegen, Katie Bignell, Amy Ryan et à tous les chefs étoilés chez Katherine Tegen Books et HarperCollins Children's Books qui ont cru à la famille Bliss et l'ont déposée entre les mains des lecteurs et lectrices.

Cette histoire, en fait toute la série, n'aurait jamais vu le jour sans la patience, les conseils et la folle créativité de Ted Malawer et Michael Stearns à The Inkhouse. Merci à tous les deux de m'avoir permis de raconter la vie des Bliss. Il n'existe pas au monde assez de friandises pour vous prouver ma gratitude.

Ouvrage composé par
PCA – 44400 REZÉ

Imprimé en Allemagne par
GGP Media GmbH, Pößneck
S22157/05

LA PÂTISSERIE

Bliss

Magie à croquer

Tome 3

L'auteur

Kathryn Littlewood vit à New York et travaille ponctuellement à Los Angeles. Elle est comédienne, écrivain, et raffole des pâtisseries françaises.

Dans la même série

KATHRYN LITTLEWOOD

LA PÂTISSERIE Bliss

Magie à croquer

Tome 3

Traduit de l'anglais (États-Unis) par Juliette Lê

POCKET JEUNESSE
PKJ·

Titre original :
Bliss – Bite-Sized Magic

Publié pour la première fois en 2014
par Katherine Tegen Books,
un département d'HarperCollins Publishers

Loi n° 49-956 du 16 juillet 1949 sur les publications
destinées à la jeunesse : avril 2015.

ISBN 978-2-266-22157-3

Dépôt légal : avril 2015

À Katherine Tegen,
qui fait de la magie avec les livres